# Mit der ganzen Kraft der Liebe

# *Mit der ganzen Kraft der Liebe*

Herausgegeben von
Josef Guter

VERLEGT BEI
KAISER

Berechtigte Ausgabe für die
Neuer Kaiser Verlag Gesellschaft m. b. H., Klagenfurt

Neuauflage 2001
Einband: Volkmar Reiter
Satz: Context Type & Sign Pink, St. Veit/Glan
Druck und Bindearbeit: Gorenjski Tisk, Kranj-Slowenien

# *Inhalt*

# Die Liebe zu Gott

Gott ist die Überwältigung
unseres Inneren durch die Unendlichkeit.
Die Kapitulation des menschlichen
Begriffsvermögens vor der Welt.

Christian Morgenstern

Wer in göttlichen Dingen nichts glaubt,
als was er mit seinem Verstande ausmessen kann,
verkleinert die Idee von Gott.

Gottfried Wilhelm Leibniz

Kepler sagte: »Mein höchster Wunsch ist, den Gott, den ich im Äußeren überall finde, auch innerlich, innerhalb meiner gleichermaßen gewahr zu werden.« Der edle Mann fühlte, sich nicht bewusst, dass eben in dem Augenblicke das Göttliche des Universums in genauester Verbindung stand.

Johann Wolfgang von Goethe

Je mehr ich mich anstrenge, sein unendliches Wesen zu durchschauen, desto weniger begreife ich es. Er ist, aber das ist mir genug. Je weniger ich ihn begreife, um so mehr bete ich ihn an. Ich demütige mich vor Gott und sage: Du Wesen der Wesen! Ich bin, weil du bist. Ich hebe mich empor zu deinem Urquell, wenn ich ohne Unterlass dein gedenke. Der würdigste Gebrauch meiner Vernunft ist, sie vor dir zu vernichten.

Jean-Jacques Rousseau

Allen gehört, was du denkst;
dein Eigen ist nur, was du fühlest.
Soll er dein Eigentum sein,
fühle den Gott, den du denkst.

FRIEDRICH VON SCHILLER

Gott ist nahe,
wo die Menschen einander Liebe zeigen.

JOHANN HEINRICH PESTALOZZI

Es kann in Ewigkeit kein Ton so lieblich sein,
als wenn des Menschen Herz
mit Gott stimmt überein.

ANGELUS SILESIUS

Glaube, dem die Tür versagt,
steigt als Aberglaub' ins Fenster.
Wenn die Götter ihr verjagt,
kommen die Gespenster.

EMANUEL GEIBEL

Der Glaube mag wohl eine kleine und geringe Monstranz oder Büchslein sein. Es liegt aber darin ein solch edel Kleinod, Perle oder Smaragd, das Himmel und Erde nicht behalten kann.

MARTIN LUTHER

Gott ist noch mehr in mir,
als wenn das ganze Meer
in einem kleinen Schwamm
ganz und beisammen wär.

Angelus Silesius

Wer Gott aufgibt, der löscht die Sonne aus,
um mit einer Laterne weiterzuwandeln.

Christian Morgenstern

In jenen düsteren Formen
Waltet keine blinde Macht,
Über Sonnen, über Sternen
Ist ein Vateraug, das wacht.
Keine finstern Mächte raten
Blutig über unsre Taten,
Sie sind keines Zufalls Spiel.
Nein, ein Gott, ob wir's gleich leugnen,
Führt sie, wenn auch nicht zum eignen,
Immer doch zum guten Ziel.

Franz Grillparzer

Wer Gott will finden doch,
der muss ihn mit sich bringen;
nur wenn er in dir ist,
siehst du ihn in den Dingen.

Friedrich Rückert

Wer Gott kennt, verehrt ihn.

Seneca

Die Religionen
sind der Ausdruck des ewigen und unzerstörbaren
metaphysischen Bedürfnisses
der Menschennatur.

JAKOB BURCKHARDT

Religion ist Liebe und Versöhnung.
Schon im Worte liegt es:
Sie verbindet wieder, was getrennt war.

LUDWIG BÖRNE

Religion ist
die Erkenntnis aller unserer Pflichten
als göttliche Gebote.

IMMANUEL KANT

Es gibt keine Religion,
die nicht Christentum wäre.

NOVALIS

Religion ist reine Sache des Gemüts
und der Phantasie wie die Poesie,
und man zerstört das Wesen beider,
wenn man sie unter Vernunftregeln
bringen will.

KARL JULIUS WEBER

Wenn auch alle Lichter der Welt erlöschen,
der Lichtgedanke lebt doch:
es gibt einen Gott.

HENRIK IBSEN

Gott wäre etwas gar Erbärmliches,
wenn er sich in einem Menschenkopfe
begreifen ließe.

CHRISTIAN MORGENSTERN

Barmherzig und gnädig ist der Herr,
geduldig und von großer Güte.

PSALM 103, 8

Wer darf ihn nennen
Und wer bekennen:
Ich glaub Ihn!
Wer empfinden
Sich unterwinden
Zu sagen. Ich glaub Ihn nicht!
Der Allumfasser,
Der Allerhalter,
Fasst und erhält Er nicht
Dich, mich, sich selbst?

JOHANN WOLFGANG VON GOETHE
(FAUST I)

Gott hat uns nicht geschaffen,
um uns zu verlassen.

MICHELANGELO

Dass bei Gott allein das Sein und daher alles Sein nur das Sein Gottes ist, diesen Gedanken lässt sich weder die Vernunft noch das Gefühl rauben. Er ist der Gedanke, dem allein alle Herzen schlagen.

FRIEDRICH WILHELM JOSEPH VON SCHELLING

Überall ist Gottes Dom.
Überall gehn zu ihm Stufen.
Überall hört er dein Rufen,
hat nicht nur sein Ohr in Rom.

WILL VESPER

Glaube an dich selbst, Mensch,
glaube an den inneren Sinn deines Wesens,
so glaubst du an Gott
und an die Unsterblichkeit.

JOHANN HEINRICH PESTALOZZI

Vom unzugänglichen Gebirge über die Einöde, die kein Fuß betrat, bis ans Ende des unbekannten Ozeans weht der Geist des Ewigschaffenden und freut sich jeden Staubes, der ihn vernimmt und lebt.

JOHANN WOLFGANG VON GOETHE

Mensch, denkst du Gott zu schauen,
dort oder hier auf Erden,
so muss dein Herz zuvor
ein reiner Spiegel werden.

ANGELUS SILESIUS

Wer den Glauben hat, dem stehe die Form frei, nur dass er selber vorurteilslos gegen andere Formen sei: das sind wir Gott und Christus schuldig, und wir werden es zu verantworten haben, wenn ein Christ seiner Freiheit entbehrt.

OLIVER CROMWELL

Wer Gott suchen will, der findet ihn überall.

NOVALIS

Gaben und Opfer ehren Gott nicht,
und Tempelschmuck schmückt ihn nicht.
Aber eine göttliche Gesinnung
vereinigt uns innig mit ihm;
denn gleich und gleich gesellt sich gern.

MATTHIAS CLAUDIUS

Ein Kleid, ein Schwert, ein Pferd –
und einen Gott!
Was brauch ich mehr?

GOTTHOLD EPHRAIM LESSING
(NATHAN DER WEISE)

Ich glaube einen Gott!
Dies ist ein schönes, löbliches Wort;
aber Gott anerkennen, wo und wie er sich offenbare,
das ist eigentlich die Seligkeit auf Erden.

JOHANN WOLFGANG VON GOETHE

Wer Gott von ganzem Herzen liebt, bedarf nicht ausführlicher Vorschriften, wann, wo, wie und wie oft er Gott dienen, ihn anbeten und lobpreisen solle, weil ja die innige Vereinigung mit ihm, der willige Gehorsam die Gott am meisten gefällige Verehrung ist und dazu führt, Gott allezeit und überall in seinem Herzen anzubeten und auch nur durch seine Werke immerwährend seinen Ruhm zu mehren.

COMENIUS

Je ungereimter und unglaublicher
also irgendein göttliches Geheimnis ist,
desto mehr Ehre geschieht Gott durch die Annahme desselben,
und der Sieg des Glaubens wird desto edler.

MATTHIAS CLAUDIUS

Der Glückliche bedarf des Glaubens,
um nicht übermütig zu werden;
der Nichtglückliche aber als Halt
und der Unglückliche,
um nicht zu erliegen.

WILHELM VON HUMBOLDT

Der Glaube empfängt Gut;
die Liebe gibt Gut.
Der Glaube opfert uns Gott zu eigen;
die Liebe gibt uns den Nächsten zu eigen.

MARTIN LUTHER

Vor dem Glauben Berge schwanden,
Glaube macht die Schwachen stark.
Ja, aus Erd- und Todesbanden
ist der Gläub'ge schon erstanden:
Glaub' ist unsers Lebens Mark.

August Wilhelm von Schlegel

Es ist ein Glaub ein schöner Regenbogen,
der zwischen Erd und Himmel aufgezogen:
Ein Trost für alle, doch für jeden Wandrer,
je nach der Stelle, da er steht, ein andrer.

Emanuel Geibel

Ich bin das A und das O,
der Anfang und das Ende,
der Erste und der Letzte.

Geheime Offenbarung

Wer sich selbst erhöht, der wird erniedrigt;
und wer sich selbst erniedrigt, der wird erhöht.

Matthäus

Gottes Wunder geschehen nicht darum, dass wir sie ermessen und fangen, sondern dadurch glauben und getrost werden sollen…
Lass Gott wirken und glaub du, nicht vermiss ihn zu fangen und zu begreifen.

Martin Luther

Haben wir nicht alle einen Vater?
Hat uns nicht ein Gott geschaffen?
Warum verachten wir dann einer den anderen?

MALEACHI

Wenn eines Menschen Wege
dem Herrn gut gefallen,
so lässt er auch seine Feinde
mit ihm Frieden machen.

SPRÜCHE SALOMONS

Der Herr, dein Gott, ist ein barmherziger Gott;
er wird dich nicht verlassen noch verderben.

5. BUCH MOSE

Im rechten Lebenswandel liegt
die einzig würdige Gottesverehrung.

SENECA

Wer es glaubt, dem ist das Heil'ge nah.

FRIEDRICH VON SCHILLER

Woher ich kam, wohin ich gehe,
weiß ich nicht, Nur dies:
Von Gott zu Gott ist meine Zuversicht.

FRIEDRICH RÜCKERT

Gott wird als Du oder Ich erlebt,
je nachdem, wo das Bewusstseinszentrum ruht.
Doch wer ihn als Ich erlebt, erlebt ihn tiefer.

Hermann von Keyserling

Denkt über Gottes Wohltaten nach,
aber über Gott selbst grübelt nicht.

Buch des Kabus

Gott ist das, was wir nicht fassen können.

Leopold Schefer

Was Gott an und für sich ist,
wissen wir so wenig,
als ein Käfer weiß,
was ein Mensch ist.

Ulrich Zwingli

Besser kennt Gott,
wer ihn nicht zu kennen bekennt.

Augustinus

Was der Mensch als Gott verehrt,
ist sein eigenstes Inneres herausgekehrt.

Johann Wolfgang von Goethe

Glaube ist Liebe zum Unsichtbaren,
Vertrauen aufs Unmögliche, Unwahrscheinliche.

Johann Wolfgang von Goethe

Dem Menschen einen Glauben schenken,
heißt seine Kraft verzehnfachen.

Gustave Le Bon

Selig sind, die nicht sehen und doch glauben.

Johannes

Haltet am Glauben fest
und fest an dieser Gesinnung;
denn sie macht im Glücke verständig und sicher,
im Unglück reicht sie den schönsten Trost
und belebt die herrlichste Hoffnung.

Johann Wolfgang von Goethe

Glauben an Gott, du bist der Menschheit in ihrem Wesen eingegraben; wie der Sinn vom Guten und Bösen, wie das unauslöschliche Gefühl von Recht und Unrecht, so unwandelbar fest liegst du als Grundlage der Menschenbildung im Inneren unsrer Natur.

Johann Heinrich Pestalozzi

Der wahrhaft Liebende
liebt Gott in allem und findet Gott in allem.

Meister Ekkehart

Gott zu erkennen
ist das Ziel jeden vernünftigen Wesens.

Thomas von Aquin

Wandelt wie die Kinder des Lichts –
und die Frucht des Lichts ist lauter Gütigkeit,
Gerechtigkeit und Wahrheit.

Paulus, Epheserbrief

Irret euch nicht! Gott lässt sich nicht spotten;
denn was der Mensch sät, das wird er ernten.

Paulus, Brief an die Galater

Gott hat uns nicht den Geist der Furcht gegeben,
sondern der Kraft, der Liebe und der Zucht.

Paulus, 2. Brief an Timotheus

Die Seele hat einen heimlichen Zugang
in das Reich des Göttlichen,
wo ihr alle Erdendinge nichtig erscheinen.

Augustinus

Ein großes Ding ist die Liebe,
sie macht jede Last leicht
und alles Ungleiche gleich.
Denn sie trägt eine Last ohne Last
und macht das Bittere süß und schmackhaft.

Gerrit Groote

Wie das Feuer das Silber
und der Ofen das Gold,
so prüft der Herr die Herzen.

Sprüche Salomos

Wenn du nun gegessen hast und satt bist
und schöne Häuser erbaust und darin wohnst,
dann hüte dich,
dass dein Herz sich nicht überhebt
und du den Herrn, deinen Gott, vergisst.

5. Buch Mose

Zuerst muss der Mensch
erst einmal mit seinen natürlichen Kräften
sein Bestes versuchen,
erst dann macht die Gnade ihre Pforten auf.

Cassianus

Gott versteckt sich hinter das, was wir lieben.

Friedrich Hebbel

Was Gott verheißt, das kann er auch tun.

PAULUS, RÖMERBRIEF

Wenn ihr eure Andacht verrichtet,
so denkt euch die Gottheit als gegenwärtig.

KONFUZIUS

Wer Gott um Gaben bitt',
der ist gar übel dran:
Er betet das Geschöpf
und nicht den Schöpfer an.

ANGELUS SILESIUS

Arbeite, als ob du ewig zu leben hättest!
Bete, als ob du heute Nacht sterben müsstest!

AUS DER UKRAINE

So wie der Weihrauch
einer Kohle Leben erfrischet,
so erfrischet das Gebet
die Hoffnungen des Herzens.

JOHANN WOLFGANG VON GOETHE

Strecke die Hand nur empor im Gebet!
Gott fasst sie von oben,
und die Berührung durchströmt
dich mit geheiligter Kraft.

EMANUEL GEIBEL

Bittet, so wird euch gegeben!
Suchet, so werdet ihr finden!
Klopfet an, so wird euch aufgetan.

MATTHÄUS

Wenn Gott nicht Freund ist,
so hilft kein Freund;
wenn er aber Freund ist,
so liegt nichts daran,
ob niemand Freund ist.

MARTIN LUTHER

Wenn ich nicht auf meinen Gott rechnete,
so gäbe ich gewiss nichts auf irdische Herren.

OTTO VON BISMARCK

Gott ist nicht wählerisch,
in seinen Boten und Werkzeugen,
und die irren sich, die da meinen,
dass er die Welt mit spitzen Fingern anfasse
und das Nämliche von ihnen verlange.

WILHELM RAABE

Was Gott ist, wird in Ewigkeit
kein Mensch ergründen!
Doch will er treu sich allezeit
mit uns verbünden.

CONRAD FERDINAND MEYER

Deinen Willen, mein Gott, tue ich gern,
und dein Gesetz habe ich in meinem Herzen.

Psalm 40

Gott schuf den Menschen zu seinem Bilde,
zum Bilde Gottes schuf er ihn.

1. Buch Mose

Jesus spricht: Wer diese meine Rede
hört und tut sie,
den vergleiche ich mit einem klugen Mann,
der sein Haus auf einen Felsen baute.

Matthäus

Lobet, ihr Völker, unseren Gott,
lasst seinen Ruhm weit erschallen,
der unsere Seelen am Leben erhält
und unsere Füße nicht gleiten lässt.

Psalm 66

Dich, o Gott, findet keiner,
der dich nicht sucht.

Augustinus

Die Macht des Gebetes liegt in der Ruhe,
die nach ihm auf unser Inneres sich breitet.

Karl Gutzkow

Christus spricht: Kommt her zu
mir alle, die ihr mühselig und
beladen seid, ich will euch erquicken.

MATTHÄUS

Jesus spricht: Ich bin der gute Hirte
und kenne die Meinen
und bin bekannt den Meinen.

JOHANNES

Des Menschen Sohn ist gekommen,
zu suchen und selig zu machen,
was verloren ist.

LUKAS

Eng ist das Haus meiner Seele,
in das Du, o Herr, zu ihr kommen sollst:
Ach, dass es sich doch weite durch Dich!
Baufällig ist es, mache es neu!

AUGUSTINUS

Ihr habt nicht
einen knechtischen Geist empfangen,
dass ihr euch fürchten müsstet;
sondern ihr habt einen kindlichen Geist empfangen,
durch welchen wir rufen: Lieber Vater!

PAULUS, RÖMERBRIEF

Gott führt seine Kinder,
die er erwählt,
oft gar wunderliche Wege.

MECHTHILD VON MAGDEBURG

Selig der Mensch,
der die Geheimnisse Gottes, des Herrn,
in seinem Herzen bewahrt.

FRANZ VON ASSISI

Tausend Jahre sind vor dir wie der Tag,
der gestern vergangen ist,
und wie eine Nachtwache.

PSALM 90

Meine Seele erhebt den Herrn,
und mein Geist freut sich Gottes,
meines Heilandes.

LUKAS

Wie sich ein Vater über seine Kinder erbarmt,
so erbarmt sich der Herr über die,
so ihn fürchten.

PSALM 103

Alle Werke Gottes quellen aus seiner Liebe.

THOMAS VON AQUIN

Jesus spricht: Ich bin der gute Hirte.
Der gute Hirte lässt sein Leben
für die Schafe.

JOHANNES

Jesus, die große Sonne,
kommt keinem abhanden, den sein Strahl
einmal durchleuchtet hat.

HANS CAROSSA

Gott ist überall im Weltall sichtbar,
und jene Augen, die ihn nicht wahrnehmen,
sind wahrlich blind oder schwach.

NAPOLEON BONAPARTE

Das Höchste, was in des Menschen innere Welt treten kann, ist Gott; das Höchste, was der Mensch darstellen kann, ist Gott; zu der Kunst sind alle berufen, unseres Gottes Ebenbild aus uns treten zu lassen ins Leben hinein – das ist die höchste Kunst.

JEREMIAS GOTTHELF

Gott ist das Licht, das, selber nie gesehen,
alles sichtbar macht
und sich in Farben verkleidet.
Nicht das Auge empfindet den Strahl,
aber dein Herz dessen Wärme.

JEAN PAUL

Allein Gott führt,
wenn er nur will, zu seiner Ehre alles herrlich hinaus,
und sei es noch so sehr
in Schwachheit gezeugt
und in Sünden empfangen.

GERHART HAUPTMANN

Die Liebe zu Gott soll frei und losgelöst
von jeder Weltlust sein,
damit ihr die Sicht nicht verstellt werde,
damit sie in keinen zeitlichen Vorteil verstrickt
und durch kein Ungemach niedergeworfen werde.

GERRIT GROOTE

# Die Liebe zu den Tieren

Ganze Weltalter von Liebe
werden notwendig sein,
um den Tieren ihre Dienste und Verdienste
an uns zu vergelten.

CHRISTIAN MORGENSTERN

Alles, was lebt, ist Schöpfung –
und Schöpfung ist nicht vielerlei
zusammenhangloses Gestalten,
sondern Einheit.

KONRAD GUENTHER

Je jünger, einfacher und frommer die Völker,
desto mehr Tierliebe.

JEAN PAUL

Für einen guten und edlen Menschen ist nicht nur die Liebe des Nächsten eine heilige Pflicht, sondern auch die Barmherzigkeit gegen die vernunftlosen Geschöpfe.

ISAAC NEWTON

Unbegreiflich groß ist bei den Tieren die gegenseitige Liebe zu den Eltern und Jungen, weil Gott, ihr Schöpfer, den Mangel an Vernunft durch ein Übermaß sinnlicher Gefühle ersetzt hat.

BASILIUS DER GROSSE

# *Meine Katze*

Auch ein weibliches Wesen ist um mich her. Es ist eine feine Reine, schlanke Kleine, die ich mit Rücksicht auf ihre Erscheinung Blanche getauft habe. Sie ist ganz weiß und nur auf der Stirne, als Zeichen edelster Abstammung, hat sie einen braunen und schwarzen Tigerstreifen. Sie ist noch ganz Kind, ganz unbefangen, fasst das Leben von der heiteren und Vergnügungs-Seite auf und betrachtet sich selbst als bloßes Ornament des Daseins. Sie kennt keine andere Pflicht als die, sich zu putzen und sich streicheln zu lassen; sie könnte nach allem eine Engländerin sein. Nur ihrer Grazie nach ist sie Französin.

Ich engagierte sie zunächst aus bloßen Nützlichkeitsrücksichten und erwartete von ihr, wie jetzt das Modewort lautet, einen »guerre d'extermination« gegen den Erbfeind; aber niemals ist eine Erwartung gründlicher getäuscht worden. Sie scheint kaum zu wissen, dass es Feinde gibt, geschweige Erbfeinde; sie führt ihren Exterminations-Krieg gegen Gardinenkanten, gegen alles, was Puschel oder Quaste heißt; über Nacht aber, wenn der Feind seine Vorposten schickt, horcht sie auf, spinnt dann einen Augenblick vergnüglich und schläft wieder ein. Dennoch – dies Anerkenntnis bin ich ihr schuldig – übt sie einen gewissen Einfluss, aber freilich ohne die geringste Ahnung davon; sie wirkt wie das Bild des Tigers, das die Chinesen, zum Schrecken für den Feind, an die Außenwand des Hauses stellen.

Sie ist ganz Spielzeug, und ich habe es längst aufgegeben, Ernsteres von ihr zu erwarten. Es liegt nicht in ihr. Sie ist mir Schauspiel, Augenweide, Zirkus-Schönheit, im Hoch- und Weitsprung gleich ausgezeichnet, und den Tag über an der Klingelschnur zu Hause. Sie behandelt dieselbe als Trapez, was sie ungehindert kann, da die betreffende, aus Bast geflochtene Kordel, das Schicksal der meisten ihrer Schwestern teilt, eine bloße höchst fragwürdige Stubendekoration zu sein.

Blanche ist die Ergänzung zu Rasumofsky; was jener meinem Geiste ist, ist diese meinen Sinnen. Wenn ich mit dem erstern, in jener Simplizität, die alles Große begleitet, die Tagesangelegenheiten behandle, also in rascher Reihenfolge die Fragen stelle: Wie ist das Wetter? Was macht Paris? Nichts von Frieden? – so gehört mein Auge ganz der kleinen Weißen, die wie ein alabasterner Briefbeschwerer auf meinem Schreibtisch neben mir liegt. Nun erhebt sie sich, um zwischen Uhr, Teetasse und Tintenfass jene Spaziergänge auszuführen, die eben nur jenem Geschlechte möglich sind, dem Blanche angehört. Werde ich endlich ungeduldig, so weiß sie diese Ungeduld zu sänftigen. Der Tisch hat einen Aufsatz von sechs Fächern, jedes nur so groß, um eine Hand hineinzulegen. In alle sechs Fächer duckt sie sich der Reihe nach hinein und blickt mich aus dieser Umrahmung schelmisch an. Das sind die letzten Mittel, denen nicht zu widerstehen ist.

Um 8 Uhr, nachdem wir unsern Tee genommen, für den sie eine distinguierte Vorliebe zeigt, gehen wir zu Bett; sie ist aber noch nicht müde und unterhält mich eine Viertelstunde lang durch die wunderbarsten Kapriolen. Um halb neun endlich, wo abwechselnd ein Trompeter von den Schleswiger Husaren und den Garde-Ulanen auf den Kasernenhof tritt, wird Blanche stiller und schiebt sich, wie zu einer letzten Liebkosung, an meinen Hals zwischen Kopf und Schulter. So vergehen Minuten. Eine Viertelstunde später tritt aus dem Kasernenflügel gegenüber ein französischer Trompeter auf den Hof hinaus und antwortet dem Preußen oder besiegelt den Appell.

Nun weiß Blanche, dass es Zeit ist. Sie erhebt sich summend und spinnend und legt sich am Fußende des Bettes auf die vierfach zusammengefaltete Reisedecke.

Das Feuer im Kamin erlischt. So schlafen wir, bis die Reveille uns weckt.

THEODOR FONTANE
(AUS: KRIEGSGEFANGEN)

Nach der Bibel hat einmal einer unserer Urväter ein großes Schiff gebaut und, als die Wasser stiegen, von Löwen und Tigern, Pferden und Rindern, Giraffen und Kamelen je ein Paar vor dem Ertrinken gerettet. Noah dachte während der Sintflut nicht nur an seine Mitmenschen, sondern an alle Mitgeschöpfe…

Die Schöpfung braucht bitter wieder Noahs.

Bernhard Grzimek

Auch die vernunftlosen Tiere haben von Natur aus eine Art Tugend, und viele von den erstaunlichen Leistungen des Menschen teilen auch sie – und das ist wirklich etwas Großes. Eine nicht nur oberflächliche Kenntnis von den besonderen Eigenschaften jeder Art und davon, wie für die anderen Lebewesen nicht weniger als für den Menschen vorgesorgt ist, wäre wohl etwas für einen gebildeten und interessierten Geist.

Claudius Aelianus

Der Reiter hat seinen Plan,
das Kamel seinen Instinkt.

Arabisches Sprichwort

Edel ist nur der, der alle Lebewesen schont.

Buddhistischer Spruch

Die Katze ist die Genossin des Weisen.

Theodor Storm

Vier Tieren auch verheißen war
Ins Paradies zu kommen;
Dort leben sie das ew'ge Jahr
Mit Heiligen und Frommen.

Den Vortritt hier ein Esel hat,
Er kommt mit muntren Schritten:
Denn Jesus zur Prophetenstadt
Auf ihm ist eingeritten.

Halb schüchtern kommt ein Wolf sodann,
Dem Mohammed befohlen:
Lass dieses Schaf dem armen Mann,
Dem Reichen magst du's holen.

Nun, immer wedelnd, munter, brav,
Mit seinem Herrn, dem braven,
Das Hündlein, das den Siebenschlaf
So treulich hat geschlafen.

Abherriras Katze hier
Knurrt um den Herrn und schmeichelt:
Denn immer ist's ein heilig Tier,
Das der Prophet gestreichelt.

JOHANN WOLFGANG VON GOETHE

Man kann die Tiere
in geistvolle und begabte Personen
einteilen:
Hund und Elefant zum Beispiel sind
geistreiche,
Nachtigall und Seidenwurm
begabte Leute,

ANTOINE RIVAROL

Grausamkeit gegen Tiere
ist eines der kennzeichnendsten Laster
eines niederen und unedlen Volkes.

ALEXANDER VON HUMBOLDT

Dass sie singen und aus eigener Kraft – als wären sie freier als die anderen Geschöpfe – zu fliegen vermögen, zeichnet die Vögel aus und verleiht ihnen einen besonderen Zauber. Ihm sind wir Menschen seit alters erlegen; in Mythen und Märchen haben wir die Vögel als höhere Wesen verherrlicht, durch Auguren ihre Bahnen am Himmel deuten lassen, haben Adler und Taube, Eule und Schwan, Phönix und Schwalbe göttlichen Kräften zugesellt. Am stärksten von ihnen angezogen fühlen sich die Dichter. Sie preisen ihre Schönheit. Eine Art Seelenverwandtschaft verbindet sie im Gesang und in der von irdischen Zwecken der Nützlichkeit schon gleichsam losgelösten Kunst, die dem Rhythmus und dem Wohlklang gehorcht. Was sie in gebundener oder ungebundener Sprache von den Vögeln sagen, ist in seiner Fülle ein ergreifender Jubelchor.

FREDERICO HINDERMANN

Der Hund vergisst den einzigen Bissen nicht,
und wirfst du ihm auch hundert Steine nach.
Im Menschen, den du jahrelang gepflegt,
wird durch ein Nichts
Verrat und Feindschaft wach.

SAADI

Der kleine Tierquäler
erwächst zu einem harten grausamen Mann.

Jean Paul

Der Wolf raubt nur, um zu fressen,
der Mensch aber raubt und stiehlt
aus Habsucht und Neid.

Altrussisches Sprichwort

Brütet der Vogel im Nest
und wärmt sich das Krokodil
in den Strahlen der Sonne,
so lass deine Pfeile im Köcher.

Mixtekisches Sprichwort

Aye, die Welt
wird wunderlich ausseh'n,
wenn's darin keine Schafe mehr gibt.

Schottischer Hirtenspruch

Dass uns der Anblick der Tiere so ergötzt,
beruht hauptsächlich darauf,
dass es uns freut,
unser eigenes Wesen
so vereinfacht vor uns zu sehn.

Arthur Schopenhauer

# *Trauerrede*

am Grabe des zu früh verblichenen Kater Muzius, der Phil. und Geschl. Befliss., gehalten von seinem treuen Freunde und Bruder, dem Kater Hinzmann, der Poes. und Bereds. Befliss.

»Teure in Betrübnis versammelte Brüder!
Wackre hochherzige Burschen!
Was ist der Kater? Ein gebrechliches vergängliches Ding, wie alles, was geboren auf Erden! Ist es wahr, was die berühmtesten Ärzte und Physiologen behaupten, dass der Tod, dem alle Kreatur unterworfen, hauptsächlich in dem gänzlichen Aufhören alles Atmens bestehe, oh, so ist unser biederer Freund, unser wackerer Bruder, dieser treue tapfere Genosse in Freud und Leid, oh, so ist unser edler Muzius gewiss tot! – Seht, da liegt der Edle auf dem kalten Stroh und hat alle viere von sich gestreckt! Nicht der leiseste Atemzug stiehlt sich durch die auf ewig geschlossenen Lippen! Eingefallen sind die Augen, die sonst bald sanftes Liebesfeuer, bald vernichtenden Zorn strahlten in grün gleißendem Gold! Totenblässe überzieht das Antlitz, schlaff hängen die Ohren, hängt der Schweif herab! – O Bruder Muzius, wo sind nun deine lustigen Sprünge, wo ist deine Heiterkeit, deine Nase. So haben wir denn auch das ganze geistige Vermögen der Tiere, das sich oft auf die wunderbarste Art äußert, mit der Beziehung Instinkt abgefertigt. Ich möchte aber nur die einzige Frage beantwortet haben, ob mit der Idee des Instinkts, des blinden willkürlosen Triebes, die Fähigkeit zu träumen vereinbar sei. Dass aber z. B. Hunde mit der größten Lebhaftigkeit träumen, weiß jeder, der einen schlafenden Jagdhund beobachtet hat, dem im Traum die ganze Jagd aufgegangen. Er sucht, er schnuppert, er bewegt die Füße, als sei er im vollen Rennen, er keucht, er schwitzt. – Von träumenden Katern weiß ich zur Zeit nichts.«

»Der Kater Murr«, unterbrach Meister Abraham den Freund, »träumt nicht allein sehr lebendig, sondern er gerät auch, wie deutlich zu bemerken, häufig in jene sanfte Reverien, in das träumerische Hinbrüten, in das somnambule Delirieren, kurz, in jenen seltsamen Zustand zwischen Schlafen und Wachen, der poetischen Gemütern für die Zeit des eigentlichen Empfanges genialer Gedanken gilt. In diesem Zustande stöhnt und ächzt er seit kurzer Zeit ganz ungemein, so dass ich glauben muss, dass er entweder in Liebe ist oder an einer Tragödie arbeitet.«

ERNST THEODOR AMADEUS HOFFMANN

## *Die Affen*

Der Bauer sprach zu seinem Jungen:
Heut in der Stadt, da wirst du gaffen.
Wir fahren hin und sehn die Affen.
Es ist gelungen.
Und um sich schief zu lachen,
Was die für Streiche machen
Und für Gesichter
Wie rechte Bösewichter.
Sie krausen sich, sie zausen sich,
Sie hauen sich, sie lausen sich,
Beschnuppern dies, beschnuppern das,
Und keiner gönnt dem andern was,
Und essen tun sie mit der Hand,
Und alles tun sie mit Verstand,
Und jeder stiehlt als wie ein Rabe.
Pass auf, das siehst du heute.
O Vater, rief der Knabe,
Sind Affen denn auch Leute?
Der Vater sprach: Nun ja,
Nicht ganz, doch so beinah.

WILHELM BUSCH

# *Die Vogelpredigt des heiligen Franz*

Zwischen Cannara und Bevagna sah er einige Bäume am Wege. Auf denen saß eine solche Menge von verschiedenen Vögeln, wie deren niemals in der Gegend so zahlreiche gesehen worden waren. Auch auf dem Felde neben den Bäumen tummelten sich ganze Scharen.

Wie Franz der Menge Vögel ansichtig wurde, staunte er, und vom Geiste Gottes berührt, sprach er zu seinen Begleitern: »Wartet hier auf dem Wege, bis ich zurückkomme: Ich will unterdessen hingehen und meinen Geschwistern, den Vögeln, predigen.«

Sprach's und trat in das Feld auf die Vögel zu, die auf dem Boden lagerten.

Kaum hatte er angefangen zu predigen, flogen alle Vögel, die auf den Bäumen saßen, herbei und blieben allesamt unbeweglich am Boden, während er zwischen ihnen hinschritt und viele mit seinem Habit streifte. Keines von den Tieren flog von der Stelle. So erzählte es nachher Bruder Jacopo da Massa, ein frommer Mann, der all das vom Munde Bruder Masseos, einem der damaligen Begleiter des Heiligen, hatte.

Was der heilige Franz den Vögeln sagte, war dies:

»Viel verdankt ihr Gott, meine Geschwister Vögel, und müsst ihn deshalb allezeit und allerorten loben. Ihr habt die Freiheit, überallhin zu fliegen; ihr habt Kleidung, doppelt und dreifach; habt einen bunten, zierlichen Habit; habt Speise, ohne sonderliche Mühe erworben; habt einen Gesang, vom Schöpfer euch eingegeben, und seid eine große Schar, durch Gottes Segen vermehrt. Schon in der Arche hat er euer Geschlecht bewahrt. Das Element der Luft ward euch zugewiesen. Ihr säet nicht, ihr erntet nicht, und Gott ernähret euch. Er gab euch Bach und Quelle zum Trunke, Berge und Hügel, Felsen und Klüfte zu eurer Zuflucht, ragende Bäume zum Nisten, und wenn ihr auch gleich nicht zu nähen noch zu weben versteht, gibt er doch euch und euren Kindern die nötige Kleidung. Also liebt euch der Schöpfer gar sehr, da er euch so viel Gutes erwiesen hat. Darum sollt ihr auch darauf achten, meine Geschwister Vögel, dass ihr nicht undankbar seid, sondern beeifert euch allezeit, Gott zu loben!«

Auf diese Worte des heiligen Franz hin begannen die Vögel samt und sonders ihre Schnäbel zu öffnen, die Flügel zu spannen, die Hälse zu recken, neigten ehrerbietig ihre Köpfe bis zur Erde und bekundeten mit Sang und Gebärde, dass ihnen die Worte des Heiligen groß Ergötzen bereiteten. Wie er das schaute, empfand er eine wundersame Freude im Geiste, und da er voll Staunen ihre große Menge, ihre herrliche Mannigfaltigkeit, ihre Zuneigung und einträchtige Vertraulichkeit sah, pries er in ihnen den wunderbaren Schöpfer und lud sie mit liebreichem Zuspruch zu dessen Lobe.

Als er endlich seine fromme Ermahnung beschlossen, machte er über alle die Vögel das Zeichen des Kreuzes und entließ sie mit dem Lobspruch zu Gottes Ehre. Und die ganze Schar der Vögel erhob sich gemeinsam zum Flug und stimmte einen mächtigen wunderbaren Gesang in den Lüften an. Dann segnete er sie nochmals mit dem Kreuzzeichen, worauf sie, nach Gruppen sich verteilend, nach den vier Windrichtungen auseinanderflogen…: ein Haufen gen Sonnenaufgang, ein anderer gen Westen, der dritte süd- und der vierte nordwärts… zum Zeichen, dass durch die Predigt des Kreuzes, die der heilige Franz erneuerte, durch seine Brüder über die ganze Welt hingetragen werden sollte – und auch diese besitzen auf Erden nichts zu eigen und überlassen sich ganz der Vorsehung Gottes, des Alleinen.

## *Die Todesanzeige des Dichters E. T. A. Hoffmann für seinen Kater*

»In der Nacht vom 29. bis zum 30. November d. J. entschlief, um zu einem besseren Dasein zu erwachen, mein teurer geliebter Zögling, der Kater Murr im vierten Jahre seines hoffnungsvollen Lebens. Wer den verewigten Jüngling kannte, wer ihn wandeln sah auf der Bahn der Tugend und des Rechts, misst meinen Schmerz und ehrt ihn durch Schweigen.

BERLIN, 1. DEZBR. 1821 HOFFMANN.«

Zweck sein selbst ist jegliches Tier,
vollkommen entspringt es
aus dem Schoß der Natur und zeugt
vollkommene Kinder.

JOHANN WOLFGANG VON GOETHE

Der Hund ist der sechste Sinn des Menschen.

FRIEDRICH HEBBEL

Woran sollte man sich
von der endlosen
Verstellung, Falschheit und Heimtücke
der Menschen erholen,
wenn die Hunde nicht wären,
in deren ehrliches Gesicht
man ohne Misstrauen schauen kann?

ARTHUR SCHOPENHAUER

## *Das treue Ross*

Ich hab mein Ross verloren.
Mein apfelgraues Ross.
Es war so treu im Leben,
Kein treueres wird es geben
Im ganzen Zug und Tross.

Und als es wollte sterben,
Da blickt' es mich noch an,
Als spräch's mit seinen Mienen:
Kann dir nicht weiter dienen,
Ade, mein Reitermann!

Und als es war gestorben,
Da grub ich's ehrlich ein;
Wohl unter grünen Matten
In eines Lindenbaumes Schatten,
Das soll sein Denkmal sein!

Da sitzen die kleinen Vögel
Und halten das Totenamt.
Ihr braucht nicht erst zu lesen,
Wie treu mein Ross gewesen –
Sie singen's insgesamt.

HOFFMANN VON FALLERSLEBEN

Schmetterling in der Kirche.
Lass ihn fliegen,
ob er in der kleinen Kirche flattert
oder im Alltempel:
er predigt auch.

JEAN PAUL

## *Briefstelle*

»Mein größerer Hund erkrankte vor zwölf Tagen. Anfangs hielten wir es nicht für bedeutend, weil das Tier bisher ausnehmend gesund war; aber nach einigen Tagen wurde die Sache bedenklich, ich kam in große Unruhe und pflegte das Tier, wie man fast einen Menschen pflegt, ich stand nach Mitternacht auf und heizte ihm in meinem Zimmer, das ich ihm eingeräumt hatte, ein.

So tat ich auch heute morgens um zwei Uhr. Das Tier ging noch auf mich zu und wedelte. Es hatte, damit es sein Wasser finden könne, ein Nachtlicht im Zimmer. Heute um siebeneinhalb fand ich es tot. Es wurde im Garten der Gebrüder Kaindl begraben. Ich habe aus Kummer mehrere Tage nichts gearbeitet, und es dürften noch drei bis vier Tage in Betrübnis vorübergehen. Man kann das an mir sehr tadeln; aber ich sage: Wenn es Gott der Mühe wert achtet, ein Tier mit so kunstreichen feinen Werkzeugen auszurüsten, wenn er ihm eine ganze Kette von Lebensfreuden und Glückseligkeiten mitgab, so dürften wir es der Mühe wert achten, diesem Dinge einige Aufmerksamkeit zu schenken!

Und das gestorbene Tier hatte nur einen einzigen Lebensinhalt, in dem alles andere aufging: Liebe zu mir! Es hat mich während neun Jahren nie gekränkt, nie beleidigt, und in seiner Krankheit hätte es manchem Christenmenschen zum Beispiele dienen können. Nicht einen einzigen Seufzer stieß es über sein Leiden aus. Es war ihm genug, wenn ich im Zimmer war und freundlich zu ihm sprach, und es litt geduldig. Ich habe ihm diesen einzigen Trost, den es hatte, nicht entzogen und blieb stets bei ihm. Nun sei es genug…«

ADALBERT STIFTER

## *Auf das Tier*

Du bist der arme Kaliban der Welt,
Du hast dem Menschen jede Frucht gezeigt,
Die auf der Erde Saft und Mark enthält,
Und dich ihm stumm, als deinem Gott, geneigt,
Dir dank ers selbst, dass er die Quelle kennt,
Worin er sich den Leib verjüngen kann,
Doch seit ihm deine heilge Leuchte brennt,
Verhängt er über dich den Todesbann,
Und das Geschöpf, das gleich verloren war,
Wenn du es nicht geleitet durch die Nacht,
Bringt dir den Dank durch alle Martern dar,
Wozu der Trieb in seiner Brust erwacht.

Friedrich Hebbel

Der Mensch ist Auszug und Gipfelblüte
des Tierreichs.

Jean Paul

## *Frau Schnecke*

Frau Schneck', ich bitt'
Um Verzeihung.
Dass meines Stiefels harter Tritt
Gereicht deinem Haus zur Entzweiung!

Möge, dass wir uns ohne Verdruss
Begegnen im nächsten Leben,
Gott mir einen linderen Fuß
Und ein festeres Haus dir geben.

Friedrich Rückert

# *Friede der Kreatur*

Spinnen waren mir auch zuwider
All meine jungen Jahre,
Ließen sich von der Decke nieder
In die Scheitelhaare,
Saßen verdächtig in den Ecken
Oder rannten, mich zu schrecken,
Über Tischgefild und Hände,
Und das Töten nahm kein Ende.

Erst als schon die Haare grauten,
Begann ich sie zu schonen,
Mit den ruhiger Angeschauten
Brüderlich zu wohnen;
Jetzt mit ihren kleinen Sorgen
Halten sie sich still geborgen,
Lässt sich einmal eine sehen,
Lassen wir uns weislich gehen.

Hätt ich nun ein Kind, ein kleines,
In väterlichen Ehren,
Recht ein liebliches und feines,
Würd ichs mutig lehren,
Spinnen mit dem Händchen fassen
Und sie freundlich zu entlassen;
Früher lernt' es Friede halten
Als es mir gelang, dem Alten!

GOTTFRIED KELLER

Der Hund ist die Tugend,
die sich nicht zum Menschen machen konnte.

VICTOR HUGO

Wundern darf es mich nicht,
dass manche die Hunde verleumden,
denn es beschämet zu oft
leider den Menschen der Hund.

ARTHUR SCHOPENHAUER

Gott wünscht,
dass wir den Tieren beistehen sollen,
allemal, wenn es vonnöten ist.
Ein jedes Wesen in Bedrängnis
hat gleiche Rechte auf Schutz.

FRANZ VON ASSISI

Der untrüglichste Gradmesser
für die Herzensbildung eines Volkes
und eines Menschen ist,
wie sie die Tiere betrachten
und behandeln.

BERTHOLD AUERBACH

Das Tier, das dir in deine Hand gegeben,
es hat so gut wie du von Gott sein Leben,
denn jeder, der ein hilflos Tier benützt,
die Pflicht auch hat, dass er vor Pein es schützt.

MARTIN GREIF

Quäle nie ein Tier zum Scherz;
denn es fühlt wie du den Schmerz!

SPRICHWORT

# *Der Arzt an sein Hündchen*

Treues Tier! wenn freudig du
Aufspringst und dein Schwänzlein lacht,
Wenn man weckt aus Schlafes Ruh'
Deinen Herrn um Mitternacht,

Und wenn dann du vor der Tür
Bellst und eilest mitzugehn,
Mein' ich, dass du, gutes Tier!
Mehr als ich fühlst Menschenwehn.

Als ein leichter Geist voran
Laufst du deinem schweren Herrn,
Der geht seufzend seine Bahn,
Du doch gehst sie freudig gern.

In dir lebt ein innres Schaun,
Das dem Menschenhirn gebricht,
Möchte oft dich fragen, traun!
Stirbt *der* oder stirbt *der* nicht?

Denn schon kam's, dass meinem Blick
Einer schien noch frisch und rot,
Du doch flohst vor ihm zurück
Und dann folgte bald sein Tod.

Schaust wohl auch, du gutes Tier,
Mir den Tod schon im Gesicht,
Treu doch gehst du nicht von mir,
Lässest den bald Toten nicht.

Durch die Straßen dieser Stadt
Wirst du wohl noch mit mir gehn,
Wenn den Leib die Erde hat,
Du nur wirst den Geist noch sehn.

JUSTINUS KERNER

# *Der Fuchs und das Pferd*

Es hatte ein Bauer ein treues Pferd, das war alt geworden und konnte keine Dienste mehr tun, da wollte ihm sein Herr nichts mehr zu fressen geben und sprach: »Brauchen kann ich dich freilich nicht mehr, indes ich mein es gut mit dir: Zeigst du dich noch so stark, dass du mir einen Löwen hierher bringst, so will ich dich behalten, jetzt abere mach dich fort aus meinem Stall!« und jagte es damit ins weite Feld. Das Pferd war traurig und ging nach dem Wald zu, dort ein wenig Schutz vor dem Wetter zu suchen. Da begegnete ihm der Fuchs und sprach: »Was hängst du so den Kopf und gehst so einsam herum?«

»Ach«, antwortete das Pferd, »Geiz und Treue wohnen nicht beisammen in einem Haus: Mein Herr hat vergessen, was ich ihm für Dienste in so vielen Jahren geleistet habe, und weil ich nicht recht mehr ackern kann, will er mir kein Futter mehr geben und hat mich fortgejagt.«

»Ohne allen Trost?«, fragte der Fuchs.

»Der Trost war schlecht, er hat gesagt, wenn ich noch so stark wäre, dass ich ihm einen Löwen brächte, wollt' er mich behalten, aber er weiß wohl, dass ich das nicht vermag.«

Der Fuchs sprach: »Da will ich dir helfen, leg dich nur hin, strecke dich aus und rege dich nicht, als wärst du tot.« Das Pferd tat, was der Fuchs verlangte, der Fuchs aber ging zum Löwen, der seine Höhle nicht weit davon hatte, und sprach: »Da draußen liegt ein totes Pferd, komm doch mit hinaus, da kannst du eine fette Mahlzeit halten.« Der Löwe ging mit, und wie sie bei dem Pferd standen, sprach der Fuchs: »Hier hast du's doch nicht nach deiner Gemächlichkeit, weißt du was? Ich will's mit dem Schweif an dich binden, so kannst du's in deine Höhle ziehen und in aller Ruhe verzehren.«

Dem Löwen gefiel der Rat, er stellte sich hin, und damit ihm der Fuchs das Pferd festknüpfen könnte, hielt er ganz still. Der Fuchs aber band mit des Pferdes Schweif dem Löwen die Beine zusammen und drehte und schnürte alles so wohl und stark, dass es mit keiner Kraft zu zerreißen war. Als er nun sein Werk vollendet hatte, klopfte er dem Pferde auf die Schulter und sprach: »Zieh, Schimmel, zieh!« Da sprang das Pferd mit einem Mal auf und zog den Löwen mit sich fort. Der Löwe fing an zu brüllen, dass die Vögel in dem ganzen Wald vor Schrecken aufflogen, aber das Pferd ließ ihn brüllen, zog und schleppte ihn über das Feld vor seines Herrn Tür. Wie der Herr das sah, besann er sich eines Besseren und sprach zu dem Pferd: »Du sollst bei mir bleiben und es gut haben«, und gab ihm satt zu fressen, bis es starb.

GEBRÜDER GRIMM

Als der Erschaffende das Pferd erschaffen wollte, sprach er zum Winde: »Von dir werde ich ein Wesen gebären lassen, bestimmt, meine Verehrer zu tragen. Dieses Wesen soll geliebt und geachtet sein von denen, die mir untertan sind. Es soll gefürchtet werden von allen, die meinen Geboten nicht nachstreben.«

Und er schuf das Pferd und rief ihm zu: »Dich habe ich gemacht ohnegleichen. Alle Schätze der Erde liegen zwischen deinen Augen. Du wirst meine Feinde werfen unter deine Hufe und meine Freunde tragen auf deinem Rücken. Dieser soll der Sitz sein, von dem Gebete zu mir emporsteigen. Auf der ganzen Erde sollst du glücklich sein und vorgezogen werden allen übrigen Geschöpfen: Denn dir soll die Liebe werden des Herrn der Erde. Du sollst fliegen ohne Flügel und siegen ohne Schwert.«

MOHAMMED

## *Möwenflug*

Möwen sah um einen Felsen kreisen
Ich in unermüdlich gleichen Gleisen,
Auf gespannter Schwinge schweben bleibend,
Eine schimmernd weiße Bahn beschreibend,
Und zugleich in grünem Meeresspiegel
Sah ich um dieselben Felsenspitzen
Eine helle Jagd gestreckter Flügel
Unermüdlich durch die Tiefe blitzen.
Und der Spiegel hatte solche Klarheit,
Dass sich anders nicht die Flügel hoben
Tief im Meer als hoch in Lüften oben,
Dass sich völlig glichen Trug und Wahrheit.

Allgemach beschlich es mich wie Grauen,
Schein und Wesen so verwandt zu schauen.
Und ich fragte mich, am Strand verharrend,
Ins gespenstische Geflatter starrend:
Und du selber? Bist du echt beflügelt?
Oder nur gemalt und abgespiegelt?
Gaukelst du im Kreis mit Fabeldingen?
Oder hast du Blut in deinen Schwingen?

CONRAD FERDINAND MEYER

## *In der Frühe*

Goldstrahlen schießen übers Dach,
die Hähne krähn den Morgen wach;
nun einer hier, nun einer dort,
so kräht es nun von Ort zu Ort;
und in der Ferne stirbt der Klang –
Ich höre nichts, ich horche lang.
Ihr wackern Hähne, krähet doch!
Sie schlafen immer, immer noch.

THEODOR STORM

# *Der treue Hund*

Ein Kaufmann machte einst eine Reise zu Pferd. Dabei wurde er von seinem treuen Hund begleitet. Der Mann wollte von einem entfernten Orte eine große Summe Geld abholen, die ihm jemand schuldete. Er nahm das Geld in Empfang und ritt vernügt zurück nach Hause. Unterwegs fiel der Sack, in den er das Geld gesteckt hatte, herab zur Erde, weil er nicht fest genug angeschnallt gewesen war.

Der Kaufmann, der ganz in Gedanken war, merkte nichts davon, wohl aber merkte es sein treuer Hund. Er versuchte, den Sack mit den Zähnen aufzuheben und seinem Herrn nachzutragen, aber er war ihm zu schwer. Es lief also hin zu seinem Herrn, sprang an dem Pferd hoch und bellte so laut und unaufhörlich, dass der Kaufmann nicht wusste, was er davon halten sollte.

Er gebot dem Hund, zu schweigen, aber umsonst! Er gab ihm einen Schlag mit der Peitsche, aber vergebens! Das treue Tier fuhr fort zu bellen und zu heulen und an dem Pferde hochzuspringen, als wenn es seinen Herrn mit Gewalt herunterziehen wollte. Und da ihn der durch weitere Peitschenhiebe abwehrte, fiel er das Pferd an, um ihm durch Bellen und Beißen zu verstehen zu geben, dass es umkehren sollte.

Der Kaufmann erschrak und glaubte, dass sein Hund toll geworden sei. Er liebte den Hund, und es schmerzte ihn, sich nicht mehr anders helfen zu können, als ihn zu erschießen.

Lange bemühte er sich, ihn durch Zurufe zu besänftigen, aber da alles nicht helfen wollte, ergriff er endlich die Pistole, zielte und drückte los.

Der gute Hund stürzte, erholte sich aber wieder und kroch ängstlich winselnd näher zu seinem Herrn.

Der konnte den Anblick nicht ertragen, gab dem Pferd die Sporen und jagte davon.

Nach einer kleinen Weile konnte sich der Kaufmann

nicht enthalten, zurückzusehen, ob das arme Tier wohl schon tot sei. Als er sich nun auf dem Pferde umdrehte, bemerkte er den Verlust seines Sacks.

Wie ein Stein fiel es ihm da plötzlich aufs Herz, dass das wohl die Ursache sein möchte, warum der Hund so sehr gebellt habe. »Ich Grausamer!«, rief er aus und jagte spornstreichs zurück, mehr wegen des armen Hundes als wegen des Geldes besorgt.

Er fand ihn nicht mehr an der Stelle, wo er ihn niedergeschossen hatte, sondern sah aus der blutigen Spur, dass er weiter zurückgekrochen war. Voll Bekümmernis folgte er dieser Spur und – wer vermag seine Betrübnis auszusprechen, als er das arme Tier neben dem Sack liegend fand, zu dem er zurückgekrochen war! Er sprang vom Pferd, um zu sehen, ob er noch zu retten sein möchte. Aber ach – der sterbende Hund leckte ihm noch einmal liebevoll die Hand – und verschied.

JOACHIM HEINRICH CAMPE

Die Grausamkeit gegen die Tiere und auch schon die Teilnahmslosigkeit gegenüber ihren Leiden ist meiner Ansicht nach eine der schwersten Sünden des Menschengeschlechts. Sie ist die Grundlage der menschlichen Verderbtheit.

ROMAIN ROLLAND

Wer gegen Tiere grausam ist,
kann kein guter Mensch sein.

ARTHUR SCHOPENHAUER

# *Der Sperling*

Auf der Heimkehr von der Jagd durchschritt ich die Gartenallee. Mein Hund lief vor mir her. Plötzlich hielt er inne und begann zu schleichen, als wittere er vor sich ein Wild. Ich blickte die Allee hinunter und sah einen jungen Sperling mit gelb gerandetem Schnabel und Flaum auf dem Köpfchen. Er war aus dem Neste gefallen – heftiger Wind schüttelte die Birken der Allee – und hockte unbeweglich, wobei er hilflos seine kurzen Flügelchen ausstreckte.

Langsam näherte sich ihm mein Hund, als plötzlich von einem nahen Baum sich der alte schwarzbrüstige Sperling herabstürzte und wie ein Stein gerade vor seine Schnauze zu Boden fiel. Dann sprang der Vogel völlig zerzaust, verstört, mit verzweifeltem, kläglichem Gezeter mehrmals gegen den geöffneten Rachen meines Hundes los. Der alte Spatz warf sich über sein Junges, um es zu retten. Mit dem eigenen Leib wollte er es schützen…, doch sein ganzer kleiner Körper bebte vor Schrecken, und sein Stimmchen klang wild und heiser. Er war bereit, sich selbst zu opfern.

Als welch riesengroßes Untier musste ihm der Hund erscheinen! Und dennoch hatte er nicht auf seinem hohen, sicheren Aste zu bleiben vermocht… Eine Macht, stärker als sein Wille, riss ihn von dort oben herab. Mein Hund hielt inne, wich zurück… Sichtlich begriff auch er diese Macht. Schnell rief ich ihn dann zurück – und entfernte mich, Ehrfurcht im Herzen.

Ja, lächelt nicht darüber! Ehrfurcht empfand ich vor diesem kleinen heldenmütigen Vogel, vor der überströmenden Kraft seiner Liebe.

IWAN TURGENJEW

# *Der Dank der Kröte*

In einem abgelegenen Dörfchen inmitten hoher Berge lebte einmal ein armer Bauer, dessen Frau schon gestorben war.

Mit seiner Tochter Bok-Surry bebaute er ein kleines Stück Land, so dass sie beide zu essen hatten. Bok-Surry war eine gute und brave Tochter, die ihrem Vater half, wo sie nur konnte.

Eines Tages bereitete sie gerade in der Küche das Essen, als sie zu ihren Füßen eine große Kröte bemerkte. Die Kröte schien hungrig zu sein, denn sie bewegte ständig ihre Kiefer hin und her. Bok-Surry hatte Mitleid und stellte der Kröte ein Tellerchen voll Reis auf den Boden. Die Kröte fraß behaglich den Reis und kroch dann in einen Winkel der Küche. Da es draußen schon fror, ließ Bok-Surry die Kröte dort sitzen und verjagte sie auch später im Winter nicht aus ihrem Winkel. Die Kröte hatte richtig beim Bauern und seiner Tochter Wohnung genommen. Kaum erschien Bok-Surry in der Küche, da kam auch schon die Kröte angekrochen und erhielt jedesmal eine Hand voll Reis. Die Kröte wurde bei diesem guten Leben recht dick und groß, so dass sie bald aussah wie ein kleiner Haushund. So ging es jahrelang. Die Kröte blieb auch in den schönsten Monaten des Jahres bei den beiden guten Leuten in ihrer Hütte.

Eines Tages legte sich der Vater schwer krank auf sein Lager. Bok-Surry pflegte ihn mit großer Liebe und Sorgfalt, aber die Krankheit wollte nicht weichen. Schließlich wanderte das Mädchen in die weit entfernte Stadt, um einen berühmten Arzt zu holen. Der Arzt kam, untersuchte den Vater und sagte, gegen diese Krankheit helfe nur eine einzige Medizin, die aber sehr teuer sei.

Der Arzt schrieb den Namen der Medizin auf ein Blatt Papier, nickte freundlich und verließ das Haus.

Bok-Surry war ganz niedergeschlagen. All ihre Ersparnisse hatte sie für den Arzt ausgegeben. Womit sollte sie nun auch noch die Medizin bezahlen? Wochenlang grübelte sie und hörte sich um, wo sie etwas verdienen könnte, aber keiner konnte ihr einen Rat geben.

Da erfuhr sie eines Tages, dass in einem Nachbarort die Bewohner eine große Summe Geldes für ein Menschenopfer aufbringen wollten. In einem alten Haus dieses Ortes hauste nämlich ein Unhold, der jedes Jahr ein Menschenopfer verlangte. Bekam er kein Opfer, so brachen Unheil und Missernten über den Ort herein.

Das Opfer wurde stets gefesselt vor einen Altar im Innern des Hauses geführt und das Tor dann von außen fest verschlossen. Am anderen Morgen war das arme Opfer dann stets verschwunden, und keiner fand jemals wieder eine Spur davon.

Bok-Surry beschloss sofort, sich zu opfern und von der ausgesetzten Summe Geld die Medizin für den Vater zu kaufen. Sie begab sich zu dem Ältesten des Nachbardorfes und bot sich als Opfer an. Die Leute waren überglücklich und zahlten ihr die Summe sofort aus. Die Opferung sollte in einigen Wochen an einem ganz bestimmten Tag stattfinden.

Bok-Surry eilte sofort in die Stadt und kaufte die Medizin. Nach wenigen Tagen schon besserte sich der Zustand des Vaters, das Heilmittel begann kräftig zu wirken, und bald stand er von seinem Lager auf. Eines Tages verließ er wieder völlig gesund das Haus und ging auf die Felder zur Arbeit.

Von der Begebenheit im Nachbardorf und dem bevorstehenden Opfer hatte aber Bok-Surry ihrem Vater kein Wort erzählt.

Als der Tag der Opferung herangekommen war, stand Bok-Surry wie gewohnt auf, kochte das Essen, zog aber ihre guten Gewänder an und sagte zu ihrem Vater, sie gehe zu einer Nachbarin.

Als sie ein letztes Mal in die Küche kam, kroch gerade die Kröte aus ihrem Versteck. Bok-Surry beugte sich hinunter, streichelte das Tier zärtlich und sprach zu ihm leise: »Liebe Kröte, nun sehen wir uns zum letzten Mal. Jetzt musst du dir ein anderes Zuhause suchen. Ich gehe fort und komme nie mehr wieder!«

Da bemerkte das Mädchen, dass der Kröte ein paar Tränen in den Augen standen. Sie konnte aber keine weiteren Worte zu der Kröte sprechen, denn draußen hörte sie schon, wie ein Wagen über die Straße heranrollte. Sie begriff sofort: Die Leute aus dem Nachbardorf wollten sie abholen.

Damit der Vater nichts bemerkte, verließ sie eiligst das Haus und lief dem Wagen entgegen. Starke Männer aus dem Nachbardorf hoben sie auf den Wagen, fesselten sie, führten sie geradewegs zum Haus des Unholdes, geleiteten sie vor den Altar im Innern des Hauses und schlossen dann schweigend hinter ihr die Tore.

Bok-Surry machte sich auf alles gefasst, war aber sehr erstaunt, als sie plötzlich in einer Ecke des Raumes ihre Kröte von zu Hause erblickte. War das treue Tier denn hinter ihr hergekrochen? Die Kröte hob den Kopf, sah mit glühenden Augen zur Decke und ließ ihrem Maul einen dichten gelben Dunst entströmen. Von der Decke herunter senkte sich blauer Dunst. Man sah deutlich, die gelben und blauen Dunstschwaden kämpften gegeneinander und suchten sich gegenseitig zurückzudrängen.

Der gelbe Dunst aber war dichter und stärker und stieg bis zur Decke.

Als die ganze Decke in gelben Dunst gehüllt war, erzitterte das ganze Haus wie bei einem Erdbeben.

Bok-Surry fiel in Ohnmacht.

Als die Dorfbewohner früh am anderen Tag die Tore wieder öffneten, konnten sie sich vor Erstaunen gar nicht fassen. Inmitten des Raumes lag eine große tote Kröte und daneben ohnmächtig, aber lebend und unversehrt die brave Bok-Surry. Bald kam das Mädchen wieder zu sich und erzählte allen, was sich in dem Haus ereignet hatte.

Die Dorfbewohner waren überzeugt, dass nun die

Macht des Unholds endgültig gebrochen war. Man trauerte allgemein um die Kröte und feierte mit Tänzen und Gesängen das Mädchen, das bereit gewesen war, sich für ihren Vater zu opfern.

In feierlichem Zuge geleitete man es nach Hause. Der Vater aber konnte sich alles gar nicht erklären und meinte, seine Tochter sei bei der Nachbarin über Nacht geblieben und komme jetzt erst zurück.

MÄRCHEN AUS KOREA

Der arme Käfer, den dein Fuß zertritt,
fühlt körperlich ein Leiden ganz so groß,
als wenn ein Riese stirbt.

WILLIAM SHAKESPEARE

Als ich einmal eine Spinne erschlagen,
dacht ich, ob ich das wohl gesollt?
Hat Gott ihr doch wie mir gewollt
einen Anteil an diesen Tagen!

JOHANN WOLFGANG VON GOETHE

Eine der größten Unverfrorenheiten des Menschen ist, dies oder jenes Tier mit Emphase falsch zu nennen, als ob es ein noch falscheres Wesen gäbe in seinem Verhältnis zu den andern Wesen als der Mensch.

CHRISTIAN MORGENSTERN

Dem Hunde, wenn er gut gezogen,
wird selbst ein weiser Mann gewogen.

JOHANN WOLFGANG VON GOETHE

Wundern muss ich mich sehr,
dass Hunde die Menschen so lieben;
denn ein erbärmlicher Schuft
gegen den
Hund ist der Mensch.

FRIEDRICH HEBBEL

Oft wundere ich mich, wo verborgen liegen des Erkennens Grenzen zwischen Mensch und Tier, dessen Herz keine gesprochene Sprache kennt.

Durch welches erste Paradies in einem fernen Schöpfungsmorgen lief der schlichte Pfad, auf dem sich ihre Herzen trafen?

Jene Spuren ihres treuen Schreitens sind nicht verwischt, wenn auch ihre Verwandtschaft vergessen ist.

Doch plötzlich zu irgendeiner wortlosen Musik erwacht das dunkle Erinnern, und das Tier blickt in des Menschen Antlitz mit zärtlichem Vertrauen, und der Mensch schaut nieder in seine Augen mit erfreuter Zuneigung.

Es scheint, dass die zwei Freunde sich in Masken treffen und kaum einander kennen unter der Verkleidung.

RABINDRANATH TAGORE

# Die Liebe zur Natur

Was wir Natur nennen, ist ein Gedicht, das in geheimer, wunderbarer Schrift verschlossen liegt. Doch könnte das Rätsel sich lösen, würden wir die Odyssee des Geistes darin erkennen, der wunderbar getäuscht, sich selber suchend, sich ewig flieht.

Denn durch die Sinnenwelt blickt nur wie durch Worte der Sinn, nur wie durch halbdurchsichtigen Nebel das Land der Phantasie, nach dem wir trachten.

FRIEDRICH WILHELM JOSEPH VON SCHELLING

Schau an die Schrift,
die Gottes Hand geschrieben;
lern sie verstehen recht!
Du wirst sie lieben.

HEINRICH STIEGLITZ

Ich mag das Band der Straße,
die Wiesen und Wälder, die sie säumen,
nicht mehr, wenn sie infolge
der Geschwindigkeit verschwimmen.
Und ich weiß,
dass es in unserer Zeit
nur einen Luxus gibt:
die Langsamkeit, einen Adel: die Muße.

S. G. COLETTE

Auf jedem Blatt steht groß geschrieben:
»Der Geist der Lieb' durchweht die Flur!«
Auf jedem Blatt steht: »Lieben! Lieben!«
Als Offenbarung der Natur.

HERMANN ROLLET

Einsamkeit in der offnen Natur, das ist der Prüfstein des Gewissens. In Gesellschaften, auf den Straßen, in dem Schauspiele mag es schweigen, denn da wirken die Gegenstände nur auf den Verstand und bei ihnen braucht man kein Herz. Aber wenn man die weite edlere, erhabenere Schöpfung vor sich sieht – ja da braucht man ein Herz, da regt es sich unter der Brust und klopft an das Gewissen. Der erste Blick flog in die weite Natur, der zweite schlüpft heimlich in unser innerstes Bewusstsein. Finden wir uns selbst hässlich, uns allein in diesem Ideale von Schönheit, ja dann ist es vorbei mit der Ruhe, und weg ist Freude und Genuss. Da drückt es uns die Brust zusammen, wir können das Hohe und Göttliche nicht fassen und wandeln stumpf und sinnlos wie Sklaven durch die Paläste ihrer Herren. Da ängstigt uns die Stille der Wälder, da schreckt uns das Geschwätz der Quelle, uns ist die Gegenwart Gottes zur Last, wir stürzen uns in das Gewühl der Menschen, um uns selbst unter der Menge zu verlieren, und wünschen uns nie, nie wiederzufinden...

HEINRICH VON KLEIST

Die wahre Naturwissenschaft
schließt sowohl den Unglauben
wie den Aberglauben aus.

HANS CHRISTIAN OERSTEDT

Die Natur wartet lange,
bevor sie sich rächt.

JEAN ROSTAND

# *Waldlied*

Arm in Arm und Kron an Krone steht der Eichenwald
verschlungen,
Heut hat er bei guter Laune mir sein altes Lied
gesungen.
Fern am Rande fing ein junges Bäumchen an, sich sacht
zu wiegen,
Und dann ging es immer weiter an ein Sausen, an ein
Biegen;
Kam es her in mächtgem Zuge, schwoll es an zu
breiten Wogen,
Hoch sich durch die Wipfel wälzend, kam die Sturmes-
flut gezogen.
Und nun sang und pfiff es graulich in den Kronen, in
den Lüften,
Und dazwischen knarrt' und dröhnt' es unten in den
Wurzelgrüften.
Manchmal schwang die höchste Eiche gellend ihren
Schaft alleine,
Donnernder erscholl nur immer drauf der Chor vom
ganzen Haine!
Einer wilden Meeresbrandung hat das schöne Spiel
geglichen;
Alles Laub war weißlich schimmernd nach Nordosten
hingestrichen.
Also streicht die alte Geige Pan der Alte laut und leise,
Unterrichtend seine Wälder in der alten Welten-
weise.
In den sieben Tönen schweift er unerschöpflich auf
und nieder,
In den sieben alten Tönen, die umfassen alle Lieder.
Und es lauschen still die jungen Dichter und die
jungen Finken,
Kauernd in den dunklen Büschen, sie die Melodien
trinken.

Gottfried Keller

# *Meeresstrand*

Ans Haff nun fliegt die Möwe,
Und Dämmerung bricht herein;
Über die feuchten Watten
Spiegelt der Abendschein.

Graues Geflügel huschet
Neben dem Wasser her;
Wie Träume liegen die Inseln
Im Nebel auf dem Meer.

Ich höre des gärenden Schlammes
Geheimnisvollen Ton,
Einsames Vogelrufen –
So war es immer schon.

Noch einmal schauert leise
Und schweiget dann der Wind;
Vernehmlich werden die Stimmen,
Die über der Tiefe sind.

THEODOR STORM

## *Bei der kalten Klippe*

Tief verborgen bei der kalten Klippe
leb ich in den Bergen.
Kein Mensch fand noch den Weg hierher.
Über steilen Gipfeln schweben
weiße Wolken, und im grünen Hang kreischt
einsam ein Affe. Andere
Gesellschaft brauch ich nicht. Wie's
mir gefällt, so werd ich alt. Wenn auch mein
Leib in Frost und Sonnenglut
sich krümmt, in meinem Herzen bewahr
ich stets die Perle.

HAN SHAN

## *Herbstabend im Gebirge*

Im stillen Bergtal frischer Regen,
dann herbstlich kühl die Luft.
Das Mondlicht auf den nassen Wegen
und klarer Quell und Kiefernduft.

Bambuslauf und Mädchenschritte,
im Lotosteich der Fischerkahn:
Das ist des Herbstes hohe Mitte,
nun fängt die Zeit der Ruhe an.

WANG WE

# *Waldweg*

Durch einen Nachbarsgarten ging der Weg,
Wo blaue Schlehn im tiefen Grase standen;
Dann durch die Hecke über schmalen Steg
Auf eine Wiese, die an allen Randen
Ein hoher Zaun vielfarb'gen Laubs umzog;
Buscheichen unter wilden Rosenbüschen,
Um die sich frei die Geißblattranke bog,
Brombeergewirr und Hülsendorn dazwischen;
Vorbei an Farrenkräutern wob der Eppich.
Entlang des Walles seinen dunklen Teppich.
Und vorwärts schreitend störte bald mein Tritt
Die Biene auf, die um die Distel schwärmte,
Bald hörte ich, wie durch die Gräser glitt
Die Schlange, die am Sonnenstrahl sich wärmte.
Sonst war es kirchenstill in aller Weite,
Kein Vogel hörbar; nur an meine Seite
Sprang schnaufend ab und zu des Oheims Hund;
Denn nicht allein wär' ich um solche Zeit
Gegangen zum entlegnen Waldesgrund;
Mir graute vor der Mittagseinsamkeit. –
Heiß war die Luft, und alle Winde schliefen;
Und vor mir lag ein sonnig offner Raum,
Wo quer hindurch schutzlos die Steige liefen.
Wohl hatt' ich's sauer und ertrug es kaum;
Doch rascher schreitend überwand ich's bald.
Dann war ein Bach, ein Wall zu überspringen;
Dann noch ein Steg, und vor mir lag der Wald,
In dem schon herbstlich rot die Blätter hingen.
Und drüben her, hoch in der blauen Luft,
Stand beutesüchtig ein gewalt'ger Weih,
Die Flügel schlagend durch den Sonnenduft;
Tief aus der Holzung scholl des Hähers Schrei.

THEODOR STORM

Im Wundereinklang ist das Leben
der Menschenbrust mit der Natur.

JUSTINUS KERNER

Alles, was zuviel ist, wird der Natur zuwider.
Sicher ist das,
was nach und nach vorgenommen wird.

HIPPOKRATES

Wer das Leben nicht schätzt,
der verdient es nicht.

LEONARDO DA VINCI

Die Natur ist unerbittlich und unveränderlich,
und es ist ihr gleichgültig,
ob die verborgenen Gründe und Arten
ihres Handelns
dem Menschen verständlich sind oder nicht!

GALILEO GALILEI

Die Natur ist allmächtiger
als alle Lehren und Gebete.

ERNST MORITZ ARNDT

Die Natur ist immer schön,
auch bei schlechtem Wetter.

WERNER ALTPETER

## *Fluss im Schnee*

Nun sieht den scheuen Flug der Vögel
Man selten nur,
Ist schneeverweht auf allen Wegen
Der Menschen Spur.

In seinem Kahn ein alter Mann
Mit breitem Hut
Und wasserdichtem Schilfbehang
Angelt in der Flut.

Liu Yü Hsi

## *Schweigen*

Sachte fließt der Bergbach
Durch die Bambusrohre
Im Hain erblühen die Gräser
In der Frühlingssonne.

An der Traufe des Schilddachs
Saß ich den ganzen Tag.
Lautlos zog nur ein Vogel
In die ewigen Berge.

Wang An Schi

Alles, was die Natur selbst anordnet,
ist zu irgendeiner Absicht gut.

Immanuel Kant

# *Der Wanderer*

Aber jetzt kehr ich zurück an den Rhein, in die glückliche Heimat,
Und es wehen, wie einst, zärtliche Lüfte mich an.
Und das strebende Herz besänftigen mir die vertrauten
Friedlichen Bäume, die einst mich in den Armen gewiegt,
Und das heilige Grün, der Zeuge des ewigen, schönen
Lebens der Welt, es erfrischt, wandelt zum Jüngling mich um.
Alt bin ich geworden indes, mich bleichte der Eispol,
Und im Feuer des Süds fielen die Locken mir aus.
Doch, wie Aurora den Tithon, umfängst du in lächelnder Blüte
Warm und fröhlich, wie einst, Vaterlandserde, den Sohn.
Seliges Land! kein Hügel in dir wächst ohne den Weinstock,
Nieder ins schwellende Gras regnet im Herbste das Obst.
Fröhlich baden im Strome den Fuß die glühenden Berge,
Kränze von Zweigen und Moos kühlen ihr sonniges Haupt.
Und wie die Kinder hinauf zur Schulter des herrlichen Ahnherrn,
Steigen am dunkeln Gebirg Festen und Hütten hinauf.
Friedsam geht aus dem Walde der Hirsch ans freundliche Tagslicht;
Hoch in heiterer Luft siehet der Falke sich um.
Aber unten im Tal, wo die Blume sich nährt von der Quelle,
Streckt das Dörfchen vergnügt über die Wiese sich aus.
Still ists hier: kaum rauschet von fern die geschäftige Mühle,
Und vom Berge herab knarrt das gefesselte Rad.
Lieblich tönt die gehämmerte Sens und die Stimme des Landmanns,

Der am Pfluge dem Stier lenkend die Schritte gebeut,
Lieblich der Mutter Gesang, die im Grase sitzt mit dem Söhnlein,
Das die Sonne des Mais schmeichelt in lächelnden Schlaf.
Aber drüben am See, wo die Ulme das alternde Hoftor
Übergrünt und den Zaun wilder Holunder umblüht,
Da empfängt mich das Haus und des Gartens heimliches Dunkel,
Wo mit den Pflanzen mich einst liebend mein Vater erzog,
Wo ich froh, wie das Eichhorn, spielt auf den lispelnden Ästen,
Oder ins duftende Heu träumend die Stirne verbarg.
Heimatliche Natur! wie bist du treu mir geblieben!
Zärtlichpflegend, wie einst, nimmst du den Flüchtling noch auf.
Noch gedeihn die Pfirsiche mir, noch wachsen gefällig
Mir ans Fenster, wie sonst, köstliche Trauben herauf.
Lockend röten sich noch die süßen Früchte des Kirschbaums,
Und der pflückenden Hand reichen die Zweige sich selbst.
Schmeichelnd zieht mich, wie sonst, in des Waldes unendliche Laube
Aus dem Garten der Pfad, oder hinab an den Bach,
Und die Pfade rötest du mir, es wärmt mich und spielt mir
Um das Auge, wie sonst, Vaterlandssonne! dein Licht;
Feuer trink ich und Geist aus deinem freudigen Kelche,
Schläfrig lässest du nicht werden mein alterndes Haupt.
Die du einst mir die Brust erwecktest vom Schlafe der Kindheit
Und mit sanfter Gewalt höher und weiter mich triebst,
Mildere Sonne! zu dir kehr ich getreuer und weiser,
Friedlich zu werden und froh unter den Blumen zu ruhn.

FRIEDRICH HÖLDERLIN

# *Der märchenhafte See*

Ein Gefühl der tiefsten Einsamkeit überkam mich jedesmal unbesieglich, so oft und gern ich zu dem märchenhaften See hinaufstieg. Ein gespanntes Tuch ohne eine einzige Falte, liegt er weich zwischen dem harten Geklippe, gesäumt von einem dichten Fichtenbande, dunkel und ernst, daraus manch einzelner Urstamm den ästelosen Schaft emporstreckt, wie eine einzelne altertümliche Säule. Gegenüber diesem Waldrande steigt ein Felsentheater lotrecht auf, wie eine graue Mauer, nach jeder Richtung denselben Ernst der Farbe breitend, nur geschnitten durch zarte Streifen grünen Mooses und sparsam bewachsen von Schwarzföhren, die aber von solcher Höhe so klein herabsehen wie Rosmarinkräutlein. Auch brechen sie häufig aus Mangel des Grundes los und stürzen in den See hinab. Daher man, über ihn hinschauend, der jenseitigen Wand entlang in grässlicher Verwirrung die alten, ausgebleichten Stämme liegen sieht, in traurigem, weißleuchtendem Verhack die dunklen Wasser säumend. Rechts treibt die Seewand einen mächtigen Granitgiebel empor, links schweift sie sich in ein sanftes Dach herum, von Tannenwald bestanden und mit einem grünen Tuche des feinsten Mooses überhüllet.

Da in diesem Becken buchstäblich nie ein Wind weht, so ruht das Wasser unbeweglich, und der Wald und die grauen Felsen und der Himmel schauen aus seiner Tiefe heraus, wie aus einem ungeheuren schwarzen Glasspiegel. Über ihm steht ein Fleckchen der tiefen, eintönigen Himmelsbläue. Man kann hier tagelang weilen und sinnen, und kein Laut stört die durch das Gemüt sinkenden Gedanken, als etwa der Fall einer Tannenfrucht oder der kurze Schrei eines Geiers.

Oft entstieg mir derselbe Gedanke, wenn ich an diesen Gestaden saß, als sei es ein unheimlich Naturauge, das mich hier ansehe – tiefschwarz – überragt von der Stirne und Braue der Felsen, gesäumt von der Wimper dunkler Tannen – darin das Wasser regungslos wie eine versteinerte Träne.

ADALBERT STIFTER (»DER HOCHWALD«)

## *Im Boot*

Wie ein Pinsel malte der Morgen
Wolkenrot am Himmel oben.
Ich verließ die Stadt mit ihren Sorgen
Und bin zu einem Freund gezogen
An einen See am Inselsaum:
Ein kleines Boot – ein Jugendtraum.

Man hört die rostigen Schreie der Affen
Vom Ufer her und sieht sie gaffen.
An wieviel Ufern trieb vorbei
In langen Jahren schon mein Boot?
An wieviel Rufern – einerlei:
Des Rätsels Tiefe misst kein Lot.

LI TAI PE

## *Am Strom*

Das Dorf ist ganz vom Strom umschlungen
Und wir vom Strom der Zeit.
Die Schwalbe füttert ihre Jungen,
Und die Möwen fliegen weit.

Im Haus stellt man das Brettspiel auf,
Am Strom sitzt einer mit der Angel;
Das ist ein guter Lebenslauf,
Wenn man gesund und ohne Mangel.

TU FU

Ew'ge Gaben sind's, die Natur uns spendet,
Allen gesendet!
Groß und still ihr Gang, ihr Gesetz ist ehern,
Blinden offenbar, wie den größten Sehern!
Wieg' und Grab ist sie dem Geschlecht hienieden,
Heilig ihr Frieden!

RUDOLF GOTTSCHALL

Wie ganz du Huld und Liebe bist
in deinem Frieden, o Natur!
Wer liebend dich umarmt, vergisst,
was Leides je sein Herz erfuhr.

ADOLF PETERS

Die Naturschönheit ist göttlicher, die Kunstschönheit ist menschlicher, und so wird es erklärlich, warum eben erst durch die Kunst der Sinn für die Natur wahrhaft aufgeschlossen wird.

Es ist, als wäre der unendliche Reichtum der Natur in einer Sprache geschrieben, welche der Mensch erst erlernen müsste.

CARL GUSTAV CARUS

Jedem Menschen erscheint eine andere Natur.
Die Natur ist für den Menschen in ewiger
Menschwerdung begriffen.

JEAN PAUL

# *Das heilige Leben der Natur*

Wenn ich vom Felsen über den Fluss bis zu jenen Hügeln das fruchtbare Tal überschaute, und alles um mich her keimen und quellen sah; wenn ich jene Berge, vom Fuße bis auf zum Gipfel, mit hohen dichten Bäumen bekleidet, jene Täler in ihren mannigfaltigen Krümmungen von den lieblichsten Wäldern beschattet sah, und der sanfte Fluss zwischen den lispelnden Rohren dahin gleitete und die lieben Wolken abspiegelte, die der sanfte Abendwind herüber wiegte; wenn ich dann die Vögel um mich den Wald beleben hörte, und die Millionen Mückenschwärme im letzten roten Strahle der Sonne mutig tanzten, und ihr letzter zuckender Blick den summenden Käfer aus seinem Grase befreite, und das Schwirren und Weben um mich her mich auf den Boden aufmerksam machte, und das Moos, das meinem harten Felsen seine Nahrung abzwingt, und das Geniste, das den dürren Sandhügel hinunter wächst, mir das innere glühende heilige Leben der Natur eröffnete: wie fasst' ich das alles in mein warmes Herz, fühlte mich in der überfließenden Fülle wie vergöttert, und die herrlichen Gestalten der unendlichen Welt bewegten sich allbelebend in meiner Seele.

JOHANN WOLFGANG VON GOETHE<br>(DIE LEIDEN DES JUNGEN WERTHER)

Erst das Schweigen tut das Ohr auf für den innern Ton in allen Dingen, in Tier und Baum und Berg und Wolke. Die Natur wird stumpf für den, der immer spricht. Richtiges Schweigen ist das lebendige Gegenspiel des rechten Redens. Es gehört dazu wie Einatmen und Ausatmen.

ROMANO GUARDINI

## *Reisenacht*

Am Strand
streicht durch das Gras der Wind.
Ein Mast im Strom –
und dann wieder Nacht.
Unzählig über mir
die Sterne sind,
und aus dem Wasser
hat der Mond gelacht.
Hat denn mein Werk
mir Ruhm gewonnen?
Gebrechlich schied ich
aus dem Amt.
Im Zeitenstrom
ist es zerronnen:
Ich reis'
wie eine Möwe – unbekannt.

TU FU

## *In den Bergen*

Wenn einer fragt,
Warum ich in die Berge zog,
So lach ich nur
Und sag kein Wort.
Der Bergbach rinnt,
Nimmt mit sich fort
Blüten und Dolden
Ins Tal, in die Ferne.
Die Welt hier ist rein
Und näher den Göttern.

LI TAI PE

## *Schäfers Sonntagslied*

Das ist der Tag des Herrn!
Ich bin allein auf weiter Flur;
Noch eine Morgenglocke nur,
Nun Stille nah und fern.

Anbetend knie ich hier.
O süßes Braun, geheimes Wehn,
Als knieten viele ungesehn
Und beteten mit mir!

Der Himmel nah und fern,
Er ist so klar und feierlich
So ganz, als wollt er öffnen sich.
Das ist der Tag des Herrn!

Ludwig Uhland

Mensch, was du liebst,
in das wirst du verwandelt werden.
Gott wirst du, liebst du Gott,
und Erde, liebst du Erden.

Angelus Silesius

Schön ist, Mutter Natur,
deiner Erfindung Pracht,
auf die Fluren verstreut,
schöner ein froh Gesicht,
das den großen Gedanken deiner Schöpfung
noch einmal denkt.

Friedrich Gottlieb Klopstock

# *An die Natur*

Da ich noch um deinen Schleier spielte,
Noch an dir wie eine Blüte hing,
Noch dein Herz in jedem Laute fühlte,
Der mein zärtlich bebend Herz umfing,
Da ich noch mit Glauben und mit Sehnen
Reich, wie du, vor deinem Bilde stand,
Eine Stelle noch für meine Tränen,
Eine Welt für meine Liebe fand,

Da zur Sonne noch mein Herz sich wandte,
Als vernähme seine Töne sie,
Und die Sterne seine Brüder nannte,
Und den Frühling Gottes Melodie,

Da im Hauche, der den Hain bewegte,
Noch dein Geist, dein Geist der Freude sich
In des Herzens stiller Welle regte:
Da umfingen goldne Tage mich.

Wenn im Tale, wo der Quell mich kühlte,
Wo der jugendlichen Sträuche Grün
Um die stillen Felsenwände spielte
Und der Äther durch die Zweige schien,
Wenn ich da, von Blüten übergossen,
Still und trunken ihren Odem trank,
Und zu mir, von Licht und Glanz umflossen,
Aus den Höhn die goldne Wolke sank,

Wenn ich fern auf nackter Heide wallte,
Wo aus dämmernder Geklüfte Schoß
Der Titanenfang der Ströme schallte
Und die Nacht der Wolken mich umschloss,

Wenn der Sturm mit seinen Wetterwogen
Mir vorüber durch die Berge fuhr
Und des Himmels Flammen mich umflogen:
Du erschienst du, Seele der Natur.

Oft verlor ich da mit trunknen Tränen
Liebend – wie nach langer Irre sich
In den Ozean die Ströme sehnen –
Schöne Welt, in deiner Fülle mich.
Ach! da stürzt ich mit den Wesen allen
Freudig aus der Einsamkeit der Zeit,
Wie ein Pilger in des Vaters Hallen,
In die Arme der Unendlichkeit. –

Seid gesegnet, goldne Kinderträume,
Ihr verbargt des Lebens Armut mir,
Ihr erzogt des Herzens gute Keime,
Was ich nie erringe, schenktet ihr.
O Natur! an deiner Schönheit Lichte,
Ohne Müh und Zwang entfalteten
Sich der Liebe königliche Früchte,
Wie die Ernten in Arkadien.

Tot ist nun, die mich erzog und stillte,
Tot ist nun die jugendliche Welt,
Diese Brust, die einst ein Himmel füllte,
Tot und dürftig, wie ein Stoppelfeld;
Ach! es singt der Frühling meinen Sorgen
Noch, wie einst, ein freundlich tröstend Lied,
Aber hin ist meines Lebens Morgen,
Meines Herzens Frühling ist verblüht.

Ewig muss die liebste Liebe darben,
Was wir lieben, ist ein Schatten nur,
Da der Jugend goldne Träume starben,
Starb für mich die freundliche Natur;
Das erfuhrst du nicht in frohen Tagen,
Dass so ferne dir die Heimat liegt,
Armes Herz, du wirst sie nie erfragen,
Wenn dir nicht ein Traum von ihr genügt.

FRIEDRICH HÖLDERLIN

## *Sommerabend*

Klar ruhn die Lüfte auf der weiten Flur;
fern dampft der See, das hohe Röhricht flimmert,
im Schilf verglüht die letzte Sonnenspur,
ein blasses Wölkchen rötet sich und schimmert.

Vom Wiesengrunde kommt ein Glockenton,
der Hirte sammelt seine satte Herde;
im stillen Walde steht die Dämmrung schon,
ein Duft von Tau entweicht der warmen Erde.

Im jungen Roggen rührt sich nicht ein Halm,
die Glocke schweigt wie aus der Welt geschieden;
nur noch die Grillen geigen ihren Psalm.
So sei doch froh, mein Herz, in all dem Frieden.

RICHARD DEHMEL

Man muss mit der Natur
langsam und lässlich verfahren,
wenn man ihr etwas abgewinnen will.

JOHANN PETER ECKERMANN

## *Lied*

Überm Pavillon der halbe Mond.
Ein Gespräch mit einem Freund:
Glücklich wie in Trunkenheit!
Kennen wir des Menschen Herz?
Wie schnell folgt Hass
Auf die Liebe?
Und wie oft wird unser Kissen
von Tränen nass?
Beim Heimweg schreit ich über Blätter
Alter Bäume, die mich überleben.
Bin ich mehr als der Staub
An meinen Schuhen oder der Duft
In meinen Gewändern?
Was geschieht in der Welt?
Viel Neues oder immer das Gleiche?
Glücklich ist, wer heut Nacht
Seine Sehnsucht stillen kann.
Es ist Herbst, und es regnet,
Und der Wind fegt dazwischen,
Und treibt den Regen fort.

NA LAN HSING DÖ

## *Tal mit Wildbach*

Von den grünen Felsenklippen stürzt
ein Bach mit Donnerstimme. Wer
wandert dort zur Nacht? Nur wer rein
und guten Sinnes.

TANG YIN

Schön ist der Sommer. Überharft von Weltmusik liegt die lauschende Erde und spitzt, wie ein gutmütiges Tier, die mückenumsummten Ohren – grüne Blätter des Wegerichs auf allen Insektenwegen. In die gewölbten Muscheln surren Käfer geheime, nur ihnen verständliche Käferworte, tropfen Bienentöne, sprühen die Geigenstriche der Heuschrecken, die Glocken, Flöten und Triangeln der Vögel. Der Distelfalter umgaukelt ihr Haupt, den langen, gesunden Sommer lang. Er ist ein Schalk, dieser Schmetterling aus dem Geschlecht der Eckfalter. Wenn man wandert, verfolgt er einen zuweilen. Ich gehe durch die Felder. Es ist ein heißes, stilles Wetter, ein herrlicher Schmetterlingstag.

FRIEDRICH SCHNACK

Was kann der Schöpfer lieber sehen
als ein fröhliches Geschöpf.

GOTTHOLD EPHRAIM LESSING

Nur die Natur ist redlich! Sie allein
liegt an dem ew'gen Untergrunde fest,
wenn alles andre auf den sturmbewegten Wellen
des Lebens unstet treibt.

FRIEDRICH VON SCHILLER

Aus Himmels Tiefen spricht Natur;
und ist dein Herz ihr Schlüssel nur,
dann klingt dir jedes Schöpfungswort
in ewgen Harmonien fort.

ADOLF PETERS

## *Der Wanderer*

An der westlichen Fähre
in schnellem Boot kreuzt' ich im Regen
den blauen Fluss.

Die beiden Ruder
krächzten und ächzten, man meinte,
sie unterhielten sich gar.

Ein Mann fuhr mit, von
weiter, ein Wanderer: Auf seine Heimkehr
harrt seine Frau.

Man kam ins Gespräch: »Woran
denkt ihr am meisten?«
»Meine Tochter,
die kleine, wird nun schon drei!«

HE ZHU

## *Am See*

Hab mein Gut ins Pfandhaus getragen
Für Wein in den Schifferstuben.
Wie ist es mit unseren Erdentagen?
Fährt ein jeder in die Gruben.

Ein Falter saugt aus einer Blüte,
Und die Libelle lebt nicht lang.
Sie nehmen's aus der Wundertüte
Dieser Welt. Drum sei nicht bang!

TU FU

## *Zwielicht*

Dämmrung will die Flügel spreiten,
Schaurig rühren sich die Bäume,
Wolken ziehn wie schwere Träume –
Was will dieses Graun bedeuten?

Hast ein Reh du, lieb vor andern,
Lass es nicht alleine grasen,
Jäger ziehn im Wald und blasen,
Stimmen hin und wieder wandern.

Hast du einen Freund hienieden,
Trau ihm nicht zu dieser Stunde,
Freundlich wohl mit Aug und Munde,
Sinnt er Krieg im tückschen Frieden.

Was heut müde gehet unter,
Hebt sich morgen neugeboren.
Manches bleibt in Nacht verloren –
Hüte dich, bleib wach und munter!

Joseph von Eichendorff

Nur der Einsame findet den Wald.
Wo ihn mehrere suchen,
da flieht er und nur die Bäume bleiben zurück.

Peter Rosegger

Wenn ich an Gott denke,
ist mein Herz so voll von Freude,
dass mir die Noten wie von der Spule laufen.

Joseph Haydn

Wie an dem Tag, der dich der Welt verliehen,
Die Sonne stand zum Gruße der Planeten
Bist alsobald und oft und fort gediehen
Nach dem Gesetz, wonach du angetreten,
So musst du sein, dir kannst du nicht entfliehen,
So sagten schon Sibyllen und Propheten;
Und keine Zeit und keine Macht zerstückelt
Geprägte Form, die lebend sich entwickelt.

JOHANN WOLFGANG VON GOETHE

Das Fenster öffnen
und eine Biene aus dem Zimmer lassen –
ist das vielleicht nicht Glück?

CHINESISCHE WEISHEIT

Ich finde, dass man nicht ein einzelnes Geschöpf im besonderen, sondern die Gesamtheit aller Dinge in Betracht ziehen muss, wenn man die Frage untersucht, ob Gottes Werke vollkommen sind. Ein Ding, das für sich allein betrachtet mit Recht als sehr unvollkommen erscheinen könnte, ist vielleicht als Teil des Weltganzen höchst vollkommen.

RENÉ DESCARTES

Allein ein ganzes Menschenalter
würde nicht hinreichen,
jedes Meisterstück der göttlichen Kunst
in dem Reich der Natur nur zu erzählen,
viel weniger, nach Würde zu betrachten.

KARL VON LINNE

# *Früh im Wagen*

Es graut vom Morgenreif
In Dämmerung das Feld,
Da schon ein blasser Streif
Den fernen Ost erhellt;

Man sieht im Lichte bald
Den Morgenstern vergehn,
Und doch am Fichtenwald
Den vollen Mond noch stehn:

So ist mein scheuer Blick,
Den schon die Ferne drängt,
Noch in das Schmerzensglück
Der Abschiedsnacht versenkt.

Dein blaues Auge steht,
Ein dunkler See, vor mir,
Dein Kuss, dein Hauch umweht,
Dein Flüstern mich noch hier.

An deinem Hals begräbt
Sich weinend mein Gesicht,
Und Purpurschwärze webt
Mir vor dem Auge dicht.

Die Sonne kommt; – sie scheucht
Den Traum hinweg im Nu,
Und von den Bergen streicht
Ein Schauer auf mich zu.

EDUARD MÖRIKE

# *Morgengebet*

O wunderbares, tiefes Schweigen,
wie einsam ist's noch auf der Welt!
Die Wälder nur sich leise neigen,
als ging der Herr durchs stille Feld.

Ich fühl' mich recht wie neu geschaffen,
wo ist die Sorge nun und Not?
Was mich noch gestern wollt' erschlaffen,
ich schäm' mich des im Morgenrot.

Die Welt mit ihrem Gram und Glücke
will ich, ein Pilger, frohbereit
betreten nur wie eine Brücke
zu dir, Herr, überm Strom der Zeit.

JOSEPH VON EICHENDORFF

Bist du erschöpft, bedeckt von Leid,
Von dem du gern dich säh'st befreit,
Und möchtest lernen du erhab'ne Lehren,
Vom Herzen Schwäche, Schlaf vom Geist zu
wehren:
Zu Berg und Wald geh'! Der Natur
Gesicht trübt keine Tränenspur.

HENRY WADSWORTH LONGFELLOW

## *Abendlied*

Die Nacht ist niedergegangen;
die schwarzen Schleier bangen
nun über Busch und Haus.
Leis rauscht es in den Buchen,
die letzten Winde suchen
die vollsten Wipfel sich zum Neste aus.

Noch einmal leis ein Wehen;
dann bleibt der Atem stehen
der müden, müden Welt;
nur noch ein zages Beben
fühl' durch die Nacht ich schweben,
auf die der Friede seine Hände hält.

OTTO JULIUS BIERBAUM

## *Nach dem Schachspiel*

Eine Flöte klagt in kühler Nacht,
über den Bergen hängt silbern der Mond.
Ich hab' mich auf den Weg gemacht
im Blütenduft – ganz ungewohnt.

Das Spiel ist aus – die Zeit ging dahin,
wir fragen nach des Lebens Sinn.
Die Becher leer, der Freund brach auf
und sucht auch seinen Weg nach Haus.

OU YANG HSIU

## *Meeresstrand*

Ans Haff nun fliegt die Möwe,
Und Dämmrung bricht herein;
Über die feuchten Watten
Spiegelt der Abendschein.

Graues Geflügel huschet
Neben dem Wasser her;
Wie Träume liegen die Inseln
Im Nebel auf dem Meer.

Ich höre des gärenden Schlammes
Geheimnisvollen Ton,
Einsames Vogelrufen –
So war es immer schon.

Noch einmal schauert leise
Und schweiget dann der Wind;
Vernehmlich werden die Stimmen,
Die über der Tiefe sind.

THEODOR STORM

Die Größe und Erhabenheit der Natur,
ihre Schönheit und Harmonie
enthüllen sich umso wunderbarer,
je gründlicher der Mensch
sie erforscht.

BURKHART NADOLNY

# *Die Schwalben*

Es fliegen zwei Schwalben ins Nachbar sein Haus;
Sie fliegen bald hoch und bald nieder.
Aufs Jahr da kommen sie wieder
Und suchen ihr voriges Haus.

Sie gehen jetzt fort ins neue Land
Und ziehen jetzt eilig hinüber.
Doch kommen sie wieder herüber;
Das ist einem jeden bekannt.

Und kommen sie wieder zu uns zurück,
Der Bau'r geht ihnen entgegen.
Sie bringen ihm vielmal den Segen,
Sie bringen ihm Wohlstand und Glück.

Aus des Knaben Wunderhorn

Freude heißt die starke Feder
in der ewigen Natur.
Freude, Freude treibt die Feder
in der großen Weltenuhr.

Friedrich von Schiller

Nie hat die Grille gefragt,
wie kurz ihr Leben.
Sie singt. Singt vom Licht.

Basho

## *Der Vogel des Morgens singt*

Woher hat er Kunde vom Morgen,
Bevor der Morgen graut,
Und während der Drache Nacht
Den Himmel noch hält
In seinen kalten schwarzen Fängen?

Sag mir, Vogel des Morgens,
Wie durch die zwiespältige Nacht
Des Himmels und der Blätter
Er den Weg gefunden
In deinem Traum.

RABINDRANATH TAGORE

## *Feldeinsamkeit*

Ich ruhe still im hohen, grünen Gras
Und sende lange meinen Blick nach oben,
Von Grillen rings umschwirrt ohn Unterlass,
Von Himmelsbläue wundersam umwoben.

Und schöne, weiße Wolken ziehn dahin
Durchs tiefe Blau, wie schöne stille Träume; –
Mir ist, als ob ich längst gestorben bin,
Und ziehe selig mit durch ewge Räume.

HERMANN ALLMERS

## *Die stille Stadt*

Liegt eine Stadt im Tale,
ein blasser Tag vergeht;
es wird nicht lange dauern mehr,
bis weder Mond noch Sterne,
zur Nacht am Himmel steht.

Von allen Bergen drücken
Nebel auf die Stadt;
es dringt kein Dach, nicht Hof noch Haus,
kein Laut aus ihrem Rauch heraus,
kaum Türme noch und Brücken.

Doch als dem Wandrer graute,
da ging ein Lichtlein auf im Grund,
und durch den Rauch und Nebel
begann ein leiser Lobgesang
aus Kindermund.

RICHARD DEHMEL

## *Abschied und Wiederkehr*

Vor den Mauern von Lo-yang:
Ein einziges Kommen und Gehen.

Beim Abschied
Tanzten damals die Flocken
Von dichten Schnee.

Nun komm' ich wieder,
Und es wirbeln die Blüten
Wie ein Schneegestöber.

FAN YÜN

# *Abendlied*

Augen, meine lieben Fensterlein,
gebt mir schon so lange holden Schein,
lasset freundlich Bild um Bild herein:
Einmal werdet ihr verdunkelt sein!

Fallen einst die müden Lider zu,
löscht ihr aus, dann hat die Seele Ruh';
tastend streift sie ab die Wanderschuh',
legt sich auch in ihre finstre Truh'.

Noch zwei Fünklein sieht sie glimmend stehn
wie zwei Sternlein, innerlich zu sehn,
bis sie schwanken und dann auch vergehn,
wie von eines Falters Flügelwehn.

Doch noch wandl' ich auf dem Abendfeld,
nur dem sinkenden Gestirn gesellt;
trinkt, o Augen, was die Wimper hält,
von dem goldnen Überfluss der Welt!

GOTTFRIED KELLER

# *Die Blumenhöhe*

Die Sonne sinkt,
in den Kiefern kommt Wind auf.
Ich gehe nach Hause
durch taufrisches Gras.
In meinen Spuren spielen
abendliche Strahlen
Und der Eisvogel
streift mich fast in den Bergen.

PE DI

Die Natur bedarf keiner Erläuterung;
um ihre Schönheit zu verstehen,
genügt ein offener Blick
und ein empfängliches Gemüt.

KARL DETLEF

## *Natur*

Nacht fließt in Tag und Tag in Nacht,
Der Bach zum Strom, der Strom zum Meer –
In Tod zerrinnt des Lebens Pracht,
Und Tod zeugt Leben licht und hehr.

Und jeder Geist, der brünstig strebt,
Dringt wie ein Quell in alle Welt,
Was du erlebst, hab ich erlebt,
Was mich erhellt, hat dich erhellt.

All sind wir eines Baums Getrieb,
Ob Ast, ob Zweig, ob Mark, ob Blatt –
Gleich hat Natur uns alle lieb,
Sie unser aller Ruhestatt.

HEINRICH HART

Die Natur irrt nie in ihrem Triebe,
nur wir können irren, wenn wir zu viel
oder zu wenig lieben.

DANTE

Nichts führt zum Guten,
was nicht natürlich ist.

FRIEDRICH VON SCHILLER

# *Der Einsiedler*

In meinem Garten
Sprüht ein Wasserfall
Einen dichten Nebelschleier.
Meine Pforte ist aus Latten
Und hohes Gras wächst überall.

Die Sterne grüß' ich
Jeden Abend demutsvoll.
Ich sitz allein im Dämmerschatten
Und bin des Lebens froh.
Mich lockt Verführung nicht und Leckerbissen:
Die feinen Frau'n in zarter Seide,
Die Fische aus dem Huang-ho.

Die feile Dame mag ein andrer haben,
Die flatterhaft bei keinem bleibt,
An fetten Karpfen mag sich jeder laben,
Der nicht mir in meine Berge steigt.

AUS DEM SCHI-KING

# *Frau Nachtigall*

Fliegendes Blatt

Nachtigall, ich hör dich singen,
Das Herz möcht mir im Leib zerspringen;
Komme doch und sag mir bald,
Wie ich mich verhalten soll!

Nachtigall, ich seh dich laufen,
An dem Bächlein tust du saufen;
Du tunkst dein klein Schnäblein ein,
Meinst, es wär der beste Wein.

Nachtigall, wo ist gut wohnen?
Auf den Linden, in den Kronen,
Bei der schön Frau Nachtigall.
Grüß mein Schätzchen tausendmal!

Aus des Knaben Wunderhorn

Aber nun am Fenster wieder,
Blaue Berge seh ich dort,
Und auf brünstigem Gefieder
Dreinzufließen, zieht michs fort.

Könnt ihr Winde mich verstehen?
Lasst die Seele mit euch ziehen!
O ihr solltet sie verwehen
Über die Berge, die Berge hin!

Eduard Mörike

# *Zauber der Landschaft*

Die Bilder von Baum und Strauch, von Berg, Wald, Fels, Wasser, von Wolke und Himmel, die die Seele des jungen Menschen aufnahm, sie bleiben in ihr und wirken weiter, – auch wenn die äußere Verbundenheit schwindet oder scheinbar ganz verloren geht, – im Lärmen der Städte, im Hasten des Berufes, im Jagen nach Erfolg und Geld, um das Glück zu erkaufen.

Es muss nicht immer die Ferne sein, die das Erleben der Landschaft wiederschenkt, – Italien oder Spanien, die Küste Frankreichs oder die Welt der nordischen Fjorde... Ein Vogelruf, ein Wolkenzug, das Wogen eines Kornfeldes, das Rieseln einer Quelle kann die verlorene Verbindung immer wieder erwecken. Goethes Mahnung gilt auch hier, dass das Gute so nahe liege und wir nur lernen müssen, das Glück zu ergreifen, das für uns immer da sei, in unerschöpflicher Vielfalt. Es kommt dabei ausschließlich auf uns selbst an, auf unsere Erlebniskraft, unsere Phantasie, auf die Bereitschaft, uns den verborgenen Kräften zu öffnen, die jede Landschaft besitzt, – in anderen Erscheinungsformen, anderen Farben, Zusammenklängen und Melodien.

Verena von Jerin

# *Die Goldstaubquelle*

Nun ist die kleine Quelle still und unbeweglich,
Zum Greifen nah wie Gold und grüne Jade.
Am Morgen stehts, wenn alle Blüten noch geschlossen,
Komm' ich hierher und schöpfe Wasser.

Pe Di

# *Oktoberlied*

Der Nebel steigt, es fällt das Laub;
Schenk ein den Wein, den holden!
Wir wollen uns den grauen Tag
Vergolden, ja vergolden!

Und geht es draußen noch so toll,
Unchristlich oder christlich,
Ist doch die Welt, die schöne Welt
So gänzlich unverwüstlich!

Und wimmert auch einmal das Herz, –
Stoß an, und lass es klingen!
Wir wissen's doch, ein rechtes Herz
Ist gar nicht umzubringen.

Der Nebel steigt, es fällt das Laub;
Schenk ein den Wein, den holden!
Wir wollen uns den grauen Tag
Vergolden, ja vergolden!

Wohl ist es Herbst; doch warte nur,
Doch warte nur ein Weilchen!
Der Frühling kommt, der Himmel lacht,
Es steht die Welt in Veilchen.

Die blauen Tage brechen an;
Und ehe sie verfließen,
Wir wollen sie, mein wackrer Freund,
Genießen, ja genießen!

THEODOR STORM

## *Herbstnacht im Boot*

Im Waldteich treib' ich im Boot,
Höre den Wind und die Käfer im Rohr.
Mein Schatten folgt stets dem Mondlicht.
Der Herbst atmet silbern und golden.

Das Jahr geht bald nun
zu Ende. Mein Traum führt mich heimwärts
Zum I-Fluß jenseits der Wolken,
Wo er sich windet im Westen.

LIU FANG PING

## *Die Stromschnelle der weißen Felsen*

Zum Strom hinab steig' ich auf Steinen,
Spiel' mit den Wellen, sinne vor mich hin.
Die Sonne sinkt und aus dem Fluß steigt Kühle.
Und Farben des Herbstes zeigen die Wolken.

PE DI

# *Der Tempelweg*

Vom Tempel führt der Weg mit den Sophoren
Den Wanderer zum »Schönen See«.
Wie lieb' ich Bergregen im Herbst,
Wenn Blätter fallen und dann keiner fegt.

PE DI

Ich hatte mich in den herbstlichen Gefilden versäumt, wo mich die Magie der alten Wälder unwiderstehlich festhielt. Aus dem goldenen Blätterfall, der das verklärte Sterben der Bäume feierte, aus dem leisen Abendläuten, das die Felder zum Schlafe rief, kam eine süße und eindringliche Stimme, die das vollkommene Vergessen predigte. Die Sonne ging einsam unter.

CLAUDE DEBUSSY

In der Nacht, da trinken die Götter
Den Atem der Erde,
Am Morgen schenken sie ihn
Dann zurück als glänzendenTau.
Gestillt ist der Wille der Götter.
Durch alle Adern der Pflanzen
Strömt mächtig das Herzblut,
Ja selbst durch die Steine.
Keime treiben, und es grünt
Im Tal und hoch in den Bergen.

AZTEKISCHER HYMNUS

Auf dem Teich, dem regungslosen,
Weilt des Mondes holder Glanz,
Flechtend seine bleichen Rosen
In des Schilfes grünen Kranz.

Hirsche wandeln dort am Hügel,
Blicken in die Nacht empor;
Manchmal regt sich das Geflügel
Träumerisch im tiefen Rohr.

Weinend muß mein Blick sich senken;
Durch die tiefste Seele geht
Mir ein süßes Deingedenken,
Wie ein stilles Nachtgebet.

NIKOLAUS LENAU

## *Der Bach am Eschenhaus*

An allen Ufern hörst den Bach du rauschen.
An seinem Rand wat' ich zur Furt im Süden;
Wildenten und Möwen fliegen herüber
Und streifen fast meinen Hut.

PE DI

Die Natur ist die große, nie ermüdende Lehrmeisterin, vor der seit Jahrtausenden die Menschen stehen, um ihre Sehnsucht nach Schönheit zu befriedigen. Und da sie überall gegenwärtig ist, so ist auch jeder Mensch, sei er Künstler oder nicht, in der glücklichen Lage, seine Naturstudien zu treiben und durch sie seinenWeg zur Kunst zu finden.

Alle wahrhaft großen Künstler sind von der Natur ausgegangen. Aus ihr gewannen sie die Bilder, die sich aus den tausendfältigen Erscheinungen, aus dem unendlich schönen feierlichen Zusammenhang der Landschaft mit all dem, was sie belebt, mit Menschen und Tieren, mit Licht und Sonne und Atmosphäre ergibt. Und aus dem unerschöpflichen Stimmungsreichtum, der wie ein ewig sprudelnder Quell die Empfindungen der Menschheit befruchtet, wuchs der Wunsch, alles das so darzustellen, dass man den Eindruck des vollkommenen Naturgebildes auch bleibend davon haben kann.

ARTUR DOBSKY

Denn es liegt eine wunderbare Heilkraft in der Natur. Oft gibt der Anblick eines schönen Abendhimmels, der emporflammt wie eine Verheißung, eines hellen Sternes, welcher Grüße zu bringen scheint von den vorangegangenen Lieben, der Duft einer Blume, der von Frühling und Auferstehung spricht, der gedrückten Seele Hoffnung und Lebensmut zurück.

SOPHIE VERENA

Die Natur ist so, dass die Dreieinigkeit sie nicht besser machen könnte. Es ist eine Orgel, auf der unser Herrgott spielt, und der Teufel tritt die Bälge dazu.

JOHANN WOLFGANG VON GOETHE

# *Herbst*

Schon ins Land der Pyramiden
flohn die Störche übers Meer;
Schwalbenflug ist längst geschieden,
auch die Lerche singt nicht mehr.

Seufzend in geheimer Klage
streift der Wind das letzte Grün;
und die süßen Sommertage,
ach, sie sind dahin, dahin!

Nebel hat den Wald verschlungen,
der dein stillstes Glück gesehn;
ganz in Duft und Dämmerungen
will die schöne Welt vergehn.

Nur noch einmal bricht die Sonne
unaufhaltsam durch den Duft,
und ein Strahl der alten Wonne
rieselt über Tal und Kluft.

Und es leuchten Wald und Heide,
dass man sicher glauben mag,
hinter allem Winterleide
lieg' ein ferner Frühlingstag.

THEODOR STORM

Es ist nichts auf Erden,
welches des Menschen Leben
so bedeutsam macht
als die innige Teilnahme
an allem Lebendigen.

JEREMIAS GOTTHELF

# *Die Stadt*

Am grauen Strand, am grauen Meer
und seitab liegt die Stadt;
der Nebel drückt die Dächer schwer,
und durch die Stille braust das Meer
eintönig um die Stadt.

Es rauscht kein Wald, es schlägt im Mai
kein Vogel ohn' Unterlass;
die Wandergans mit hartem Schrei
nur fliegt in Herbstesnacht vorbei,
am Strande weht das Gras.

Doch hängt mein ganzes Herz an dir,
du graue Stadt am Meer;
der Jugend Zauber für und für
ruht lächelnd doch auf dir, auf dir,
du graue Stadt am Meer.

THEODOR STORM

# *Herbstbild*

Dies ist ein Herbsttag, wie ich keinen sah!
Die Luft ist still, als atmete man kaum,
Und dennoch fallen raschelnd, fern und nah,
Die schönsten Früchte ab von jedem Baum.
O stört sie nicht, die Feier der Natur!
Dies ist die Lese, die sie selber hält;
Denn heute löst sich von den Zweigen nur,
Was vor dem milden Strahl der Sonne fällt.

FRIEDRICH HEBBEL

Wärst du nicht, heil'ger Abendschein,
Wärst du nicht, sternerhellte Nacht.
Du Blütenschmuck, du üpp'ger Hain
Und du Gebirg', voll ernster Pracht,
Du Vogelsang aus Himmeln hoch,
Du Lied aus voller Menschenbrust,
Wärst du nicht – ach! was füllte noch
In arger Zeit ein Herz mit Lust!

JUSTINIUS KERNER

Und fragst du noch, warum dein Herz
Sich bang in deinem Busen klemmt?
Warum ein unerklärter Schmerz
Dir alle Lebensregung hemmt?
Statt der lebendigen Natur,
Da Gott die Menschen schuf hinein,
Umgibt ihn Rauch und Moder nur
Dich Tiergeripp' und Totenbein.
Flieh! Auf! Hinaus ins weite Land!

JOHANN WOLFGANG VON GOETHE

Die Liebe ist vielleicht der höchste Versuch,
den die Natur macht,
um das Individuum aus sich heraus
und zu den anderen hinzuführen.
Im Wunsch suche ich den Gegenstand
zu mir zu ziehen,
in der Liebe werde ich zu ihm hingezogen.

JOSÉ ORTEGA Y GASSET

# *Abseits*

Es ist so still; die Heide liegt
Im warmen Mittagssonnenstrahle,
Ein rosenroter Schimmer fliegt
Um ihre alten Gräbermale;
Die Kräuter blühn; der Heideduft
Steigt in die blaue Sommerluft.

Laufkäfer hasten durchs Gesträuch
In ihren goldnen Panzerröckchen,
Die Bienen hängen Zweig um Zweig
Sich an der Edelheide Glöckchen;
Die Vögel schwirren aus dem Kraut –
Die Luft ist voller Lerchenlaut.

Ein halbverfallen niedrig Haus
Steht einsam hier und sonnbeschienen;
Der Kätner lehnt zur Tür hinaus,
Behaglich blinzelnd nach den Bienen;
Sein Junge auf dem Stein davor
Schnitzt Pfeifen sich aus Kälberrohr.

Kaum zittert durch die Mittagsruh
Ein Schlag der Dorfuhr, der entfernten;
Dem Alten fällt die Wimper zu,
Er träumt von seinen Honigernten.
Kein Klang der aufgeregten Zeit
Drang noch in diese Einsamkeit.

THEODOR STORM

# *Lied zum Jahresende*

Die Heimchen zirpen hell im Haus.
Das Jahr zieht bald zum Dorf hinaus.
Lasst uns heut froh sein und vergnügt
Bei einem guten Jahresschmaus.
Doch zechet nicht in Saus und Braus,
Denkt an des Tages Sinn durchaus,
Seid klug dabei und schweift nicht aus,
Ein Mann kennt Maß und Mitte.

Die Heimchen zirpen hell im Haus.
Das Jahr schickt sich zum Gehen an.
Lasst uns heut froh sein und vergnügt,
Sonst wäre uns der Tag vertan.
Doch in der Lust denkt stets daran:
Noch manches kommt an euch heran.
Ein Mann ist klug, vergisst sich nicht,
Und denkt im Stillen an die Pflicht.

Die Heimchen zirpen hell im Haus.
Müd' ruh'n sich Rad und Wagen aus.
Lasst uns heut froh sein und vernügt,
Sonst wäre Tag und Nacht verspielt.
Doch in der Lust seid stets bedacht,
Was euch nachher dann Kummer macht.
Ein Mann bedenkt's und weiß genau:
Ein Paar sind Freud' und Sitte.

Aus dem Schi-King,
dem chinesischen »Buch der Lieder«

# *Freude der Einsamkeit*

Einsamkeit im Tal am Bach:
Heiter lebt hier der Weise.
Einsam schläft er
Und wacht und spricht mit sich,
Glücklich allein.

Einsamkeit am Bergeshang:
Dahin zieht es den Weisen.
Einsam schläft er
Und wacht und singt
Von seinem Glück.

Einsamkeit auf hohem Gipfel:
Die Sehnsucht des Weisen.
Einsam schläft er
Und wacht und hält
Sich still verborgen.

Aus dem Schi-King

Wenn man den Sternenhimmel betrachtet,
steht eine Schönheit vor uns auf,
die uns entzückt und beseligt.
Und es wird ein Gefühl in unsere Seele kommen,
das alle unsere Leiden und Bekümmernisse
majestätisch überhüllt und verstummen macht
und uns eine Größe und Ruhe gibt,
der man sich andächtig und dankbar beugt.

ADALBERT STIFTER

Weit und schön ist die Welt,
doch o wie dank ich dem Himmel,
dass ein Gärtchen beschränkt zierlich mir
eigen gehört!

JOHANN WOLFGANG VON GOETHE

Und ob die Wolke sie verhüllt,
die Sonne scheint am Himmelszelt;
es waltet dort ein heil'ger Wille,
nicht blindem Zufall dient die Welt.

GOTTFRIED KELLER

Es ist ein halbes Himmelreich,
Wenn, Paradiesesblumen gleich,
Aus Klee die Blumen dringen.
Und wenn die kleinen Vögelein,
Im Garten hier und dort im Hain,
Auf grünen Bäumen singen.

LUDWIG HÖLTY

# *Gefunden*

Ich ging im Walde
so für mich hin,
Und nichts zu suchen,
Das war mein Sinn.

Im Schatten sah ich
Ein Blümchen stehn,
Wie Sterne leuchtend,
Wie Äuglein schön.

Ich wollt es brechen,
Da sagt es fein:
Soll ich zum Welken
Gebrochen sein?

Ich grub's mit allen
Den Würzlein aus,
Zum Garten trug ich's
Am hübschen Haus

Und pflanzt es wieder
Am stillen Ort;
Nun zweigt es immer
Und blüht so fort.

JOHANN WOLFGANG VON GOETHE

Einem, der ihn brach,
schenkt er dennoch seinen Duft –
Pflaumenblütenzweig!

JAPANISCHE DICHTUNG

## *Heide im Winter*

Die Sonne leiht dem Schnee das Prachtgeschmeide;
Doch ach, wie kurz ist Schein und Licht.
Ein Nebel tropft, und traurig zieht im Leide
Die Landschaft ihren Schleier dicht.

Ein Häslein nur fühlt noch des Lebens Wärme,
Am Weidenstumpfe hockt es bang;
Doch kreischen hungrig schon die Rabenschwärme
Und hacken auf den sichern Fang.

Bis auf den schwarzen Schlammgrund sind gefroren
Die Wasserlöcher und der See.
Zuweilen geht ein Wimmern, wie verloren,
Dann stirbt im toten Wald ein Reh.

DETLEV VON LILIENCRON

## *Winterlandschaft*

Unendlich dehnt sie sich, die weiße Fläche,
bis auf den letzten Hauch von Leben leer;
Die muntern Pulse stocken längst, die Bäche,
Es regt sich selbst der kalte Wind nicht mehr.

Der Rabe dort, im Berg von Schnee und Eise,
Erstarrt und hungrig, gräbt sich tief hinab,
Und gräbt er nicht heraus den Bissen Speise,
So gräbt er, glaub ich, sich hinein ins Grab.

Die Sonne, einmal noch durch Wolken blitzend,
Wirft einen letzten Blick aufs öde Land,
Doch, gähnend auf dem Thron des Lebens sitzend,
Trotzt ihr der Tod im weißen Festgewand.

FRIEDRICH HEBBEL

Gott und Natur sind zwei Größen,
die sich vollkommen gleich sind.

Friedrich von Schiller

O könnt' ich einmal los
von allem Menschentreiben,
Natur in deinem Schoß
ein herrlich Kind verbleiben.

Justinus Kerner

Die Natur ist die Äolsharfe,
ein musikalisches Instrument,
dessen Töne wieder Tasten
höherer Saiten in uns sind.

Novalis

Verfälscht ist alles,
was sich von der Natur entfernt.
Die Natur hat immer recht.
Die Fehler und Irrtümer
sind immer des Menschen.

Johann Wolfgang von Goethe

Die Natur ist
die große Ruhe gegenüber unserer Beweglichkeit,
darum wird sie der Mensch immer mehr lieben,
je feiner und beweglicher er werden wird.

Christian Morgenstern

# *Der geheilte Patient*

Reiche Leute haben trotz ihrer gelben Vögel doch manchmal auch allerlei Lasten und Krankheiten auszustehen, von denen gottlob der arme Mann nichts weiß, denn es gibt Krankheiten, die nicht in der Luft stecken, sondern in den vollen Schüsseln und Gläsern und in den weichen Sesseln und seidenen Betten, wie jener hautreiche Amsterdamer ein Wort davon reden kann. Den ganzen Vormittag saß er im Lehnsessel und rauchte Tabak, wenn er nicht zu faul war, oder er hatte Maulaffen feil zum Fenster hinaus, aß aber zu Mittag doch wie ein Drescher, und die Nachbarn sagten manchmal: »Windet's draußen, oder schnauft der Nachbar so?«
Den ganzen Nachmittag aß und trank er ebenfalls bald etwas Kaltes, bald etwas Warmes, ohne Hunger und ohne Appetit, aus lauter Langeweile, bis zum Abend, so dass man bei ihm nie recht sagen konnte, wo das Mittagessen aufhörte und wo das Nachtessen anfing. Nach dem Nachtessen legte er sich ins Bett und war so müde, als wenn er den ganzen Tag Steine abgeladen oder Holz gespalten hätte. Davon bekam er zuletzt einen dicken Leib, der so unbeholfen war wie ein Maltersack, Essen und Schlaf wollten ihm nimmer schmecken, und er war lange Zeit, wie es manchmal geht, nicht recht gesund und nicht recht krank; wenn man aber ihn selber hörte, so hatte er dreihundertfünfundsechzig Krankheiten, nämlich jeden Tag eine andere. Alle Ärzte, die in Amsterdam waren, mußten ihm raten. Er verschluckte ganze Feuereimer voll Mixturen und ganze Schaufeln voll Pulver und Pillen, wie Enteneier so groß, und man nannte ihn zuletzt scherzweise nur »die zweibeinige Apotheke«. Aber alles Doktern half ihm nichts, denn er befolgte nicht, was ihm die Ärzte befahlen, sondern sagte: »Wofür bin ich ein reicher Mann, wenn ich leben soll wie ein Hund, und der Doktor will mich nicht gesund machen für mein Geld?«

Endlich hörte er von einem Arzt, der hundert Stunden weit weg wohnte, der sei so geschickt, dass die Kranken gesund werden, wenn er sie nur recht anschaue, und der Tod gehe ihm aus dem Weg, wo er sich sehen lasse. Zu dem Arzt fasste der Mann Zutrauen und beschrieb ihm seinen Umstand.
Der Arzt merkte bald, was ihm fehlte – nämlich nicht Arznei, sondern Mäßigkeit und Bewegung –, und er sagte: »Wart, dich will ich bald kuriert haben.«
Deswegen schrieb er ihm ein Brieflein folgenden Inhalts: »Guter Freund, Ihr habt einen schlimmen Umstand, doch wird Euch zu helfen sein, wenn Ihr folgen wollt. Ihr habt ein böses Tier im Bauch: einen Lindwurm mit sieben Mäulern. Mit dem Lindwurm muss ich selber reden, und Ihr müsst zu mir kommen. Aber fürs erste dürft Ihr nicht fahren oder auf dem Rösslein reiten, sondern Ihr müsst auf des Schuhmachers Rappen kommen, sonst schüttelt Ihr den Lindwurm, und er beißt Euch die Eingeweide ab – sieben Därme auf einmal. Fürs andere dürft Ihr nicht mehr essen als zweimal am Tag einen Teller voll Gemüse, mittags ein Bratwürstlein dazu und am Abend ein Ei und am Morgen ein Fleischsüpplein mit Schnittlauch drauf. Was Ihr mehr esst, davon wird nur der Lindwurm größer, so dass er Euch die Leber abdrückt, und der Schneider hat euch nimmer viel anzumessen, aber der Schreiner. Dies ist mein Rat, und wenn Ihr mir nicht folgt, so hört Ihr im nächsten Frühjahr den Kuckuck nimmer schreien. Tut, was Ihr wollt!«
Als der Patient so mit sich reden hörte, ließ er sich sogleich am anderen Morgen die Stiefel salben und machte sich auf den Weg, wie ihm der Arzt befohlen hatte. Am ersten Tag ging es so langsam, dass perfekt eine Schnecke hätte sein Vorreiter sein können, und wer ihn grüßte, dem dankte er nicht, und wo ein Würmlein auf der Erde kroch, das zertrat er. Aber schon am zweiten Tag und am dritten Morgen, kam es ihm vor, als wenn die Vögel schon lange nimmer so

lieblich gesungen hätten wie heute, und der Tau schien ihm so frisch und die Mohnblumen im Feld so rot, und alle Leute, die ihm begegneten, sahen so freundlich aus - und er auch. Und jeden Morgen, wenn er aus der Herberge ausging, war's schöner, und er ging leichter und munterer dahin, und als er am achtzehnten Tag in der Stadt des Arztes ankam und am anderen Morgen aufstand, war ihm so wohl, dass er sagte: »Ich hätte zu keiner ungeschickteren Zeit gesund werden können als jetzt, wo ich zum Doktor soll. Wenn's mir doch nur ein wenig in den Ohren brauste, oder das Herzwasser liefe mir.«

Als er zum Doktor kam, nahm ihn dieser bei der Hand und sagte ihm: »Jetzt erzählt mir denn noch einmal von Grund aus, was Euch fehlt.«

Da sagte er: »Herr Doktor, mir fehlt gottlob nichts, und wenn Ihr so gesund seid wie ich, so soll's mich freuen.«

Der Doktor sagte: »Das hat Euch ein guter Geist geraten, dass Ihr meinen Rat befolgt habt. Der Lindwurm ist jetzt abgestanden, aber Ihr habt noch Eier im Leib, deswegen müsst Ihr wieder zu Fuß heimgehen und daheim fleißig Holz sägen, dass es niemand sieht, und nicht mehr essen, als Euch der Hunger ermahnt, damit die Eier nicht ausschlüpfen, so könnt Ihr ein alter Mann werden.«

Und er lächelte dazu.

Aber der reiche Fremdling sagte: »Herr Doktor, Ihr seid ein feiner Kauz, ich verstehe Euch wohl.«

Und er hat nachher den Rat befolgt und siebenundachtzig Jahre, vier Monate und zehn Tage gelebt, so gesund wie ein Fisch im Wasser; und er hat alle Neujahr dem Arzt zwanzig Dublonen zum Gruß geschickt.

JOHANN PETER HEBEL

In der Natur gibt es nichts,
was sinnlos wäre.

Winston Churchill

Alles, was geschieht,
gehört in den Plan der ewigen Welt
und ist gut in ihm.

Johann Gottlieb Fichte

Der Himmel
weiß unendlich mehr
als alle Philosophen.

Friedrich der Grosse

Im Ewigen lernt leben,
wer sein Verhältnis zur Zeit
zu lösen versteht.

Rudolf Steiner

Geheimnisvoll am lichten Tag
lässt sich Natur des Schleiers
nicht berauben.
Und was sie deinem Geist
nicht offenbaren mag,
das zwingst du ihr nicht ab mit
Hebeln und mit Schrauben.

Johann Wolfgang von Goethe

Der Spiegel der Natur ist
der klarste Spiegel!
In ihn muss man schauen,
an ihm sich ergötzen.

FEDOR MICHAJLOWISCH DOSTOJEWSKI

Wenn der Mensch
von einer schönen Natur umgeben ist,
so fühlt er in sich ein Bedürfnis,
irgend jemand dafür dankbar zu sein.

IMMANUEL KANT

Das schönste Erlebnis
ist die Begegnung
mit dem Geheimnisvollen.

ALBERT EINSTEIN

Die Natur vertritt überall
die Stelle des allmächtigen
Gottes selbst.

GEOFFREY CHAUCER

Erst das Schweigen
tut das Ohr auf
für den inneren Ton
in allen Dingen.

ROMANO GUARDINI

Was wir wissen, ist ein Tropfen,
was wir nicht wissen,
ein Ozean.

Isaac Newton

Durch ein paar Züge
aus dem Becher der Liebe
hält die Natur
für ein Leben voll Mühe
schadlos.

Johann Wolfgang von Goethe

In der Natur
findet man keine Melancholie.

Samuel Taylor Coleridge

Die Natur enthüllt
alle Kräfte der Menschheit durch Übung,
und ihr Wachstum
gründet sich auf Gebrauch.

Johann Heinrich Pestalozzi

Nie war Natur und ihr lebendiges Fließen
Auf Tag und Nacht und Stunden angewiesen.
Sie bildet regelnd jegliche Gestalt,
und selbst im Großen ist es nicht Gewalt.

Johann Wolfgang von Goethe

Jede Blume
hat ihren Duft.

Afrikanisches Sprichwort

Auch die Natur redet in ihrer stummen
Bilderschrift eine Sprache;
allein sie bedarf eines erkennenden Geistes,
der den Schlüssel hat und zu gebrauchen weiß,
der das Wort des Rätsels in dem Geheimnis
der Natur zu finden versteht.

Friedrich Schlegel

Das ist die Eigenschaft der Dinge:
Natürlichem genügt das Weltall kaum,
was künstlich ist,
verlangt geschlossenen Raum.

Johann Wolfgang von Goethe

Die Menschen züchten fünftausend Rosen
in ein und demselben Garten,
und sie finden dort nicht, was sie suchen.
Dabei kann man es in einer einzigen
Rose finden.

Antoine de Saint-Exupéry

Die Natur vereinigt die Gegensätze
der Harmonie.

Heraklit

# Namenregister